NUNCA ES DEMASIADO TARDE

El camino inesperado de Dios al éxito

TONY EVANS

EDITORIAL
PORTAVOZ

La misión de *Editorial Portavoz* consiste en proporcionar productos de calidad —con integridad y excelencia—, desde una perspectiva bíblica y confiable, que animen a las personas a conocer y servir a Jesucristo.

EDITORIAL PORTAVOZ
2450 Oak Industrial Drive NE
Grand Rapids, Michigan 49505 USA
Visítenos en: www.portavoz.com

ISBN 978-0-8254-1946-1 (rústica)
ISBN 978-0-8254-0569-3 (Kindle)
ISBN 978-0-8254-8529-9 (epub)

1 2 3 4 5 / 18 17 16 15 14

Impreso en los Estados Unidos de América
Printed in the United States of America

Este libro está dedicado, con reconocimiento,
a todos aquellos creyentes desanimados
que están buscando una segunda oportunidad.

RECONOCIMIENTOS

Quiero agradecer a mis buenos amigos de Harvest House Publishers: Bob Hawkins Jr., LaRae Weikert y Nick Harrison por haber creído en esta visión y por trabajar diligentemente para llevar este libro a su término.

Contenido

Introducción

Una de mis mayores dichas en la vida es tener el privilegio de ser pastor. Es una responsabilidad que no tomo a la ligera. Como pastor, a menudo hablo detenidamente con las personas de sus heridas, dolores y decepciones.

A veces, en medio de su dolor, las personas me preguntan: "¿No es demasiado tarde para mí? ¿No es demasiado tarde para que Dios haga algo conmigo?". Estas preguntas provienen de un lugar profundo, donde las personas piensan que sus muchos fracasos les han hecho perder el destino de Dios para sus vidas. Cuando me hacen esas preguntas, siempre respondo: "No, *no* es demasiado tarde. *Nunca* es demasiado tarde para Dios".

A menudo, Dios usa a personas quebrantadas para lograr sus propósitos en la tierra. Leemos muchas veces en las Escrituras sobre personas quebrantadas a las que Dios levantó de manera maravillosa. Usó a Moisés, un asesino, para liberar a los esclavos hebreos. Usó a Jacob, un mentiroso y embaucador, para cumplir su promesa a Abraham. Incluso usó a Rahab, una prostituta, en el linaje de la familia mesiánica. Si Dios redimió sus vidas, puede redimir la nuestra también.

El quebrantamiento *nunca* debería limitarnos. Antes bien, debería proyectarnos hacia una vida de libertad. Una persona realmente quebrantada entiende la realidad de Juan 15:5, donde Jesús dice: "Ciertamente, yo soy la vid; ustedes son las ramas. Los que permanecen en mí y yo en ellos producirán mucho fruto porque, separados de mí, no pueden hacer nada". Y nada puede detener a una persona quebrantada que ha aprendido a depender de Dios.

Sin embargo, cuando no dejamos de pensar en nuestro pasado, lleno de fracasos, es difícil ver un futuro prometedor, así como es difícil conducir cuando estamos constantemente mirando por el espejo retrovisor. Cuando usted conduce, necesita mirar por el espejo retrovisor, pero si lo sigue mirando todo el tiempo, terminará lesionado y lesionando a aquellos que van con usted. Por eso, el parabrisas es mucho más grande que el espejo retrovisor; el parabrisas nos muestra hacia dónde vamos, no dónde hemos estado.

El medio tiempo y la esperanza

Si alguna vez ha visto un partido de fútbol, sabe que después de la primera parte del partido, los equipos se van a sus respectivos vestuarios. El medio tiempo es para descanso y evaluación. Es el momento para reorganizarse: evaluar cómo han salido las cosas y decidir qué ajustes se deben hacer en el resto del partido.

La primera parte de cualquier partido de fútbol es importante, pero no es determinante. A lo largo de los años, numerosos equipos que ganaban cuando llegó el medio tiempo, al final perdieron el partido. Y numerosos equipos que perdían tras la primera parte, cuando terminó el partido habían logrado cambiar el resultado. Hasta el silbato final, el partido puede ser para cualquiera de los dos equipos.

Lo mismo sucede en la vida. Puede que usted esté en su primera o segunda parte, pero si todavía sigue con vida, el partido de su vida no ha terminado. Su reloj sigue marcando la hora. Todavía hay mucho por vivir. No solo eso, sino que su primera parte no tiene por qué determinar el resultado del partido. Tal vez haya cometido errores y haya tomado malas decisiones; tal vez haya experimentado muchas decepciones y fracasos. Quizá, de vez en cuando, la vida le haya tratado mal. *Pero todavía sigue con vida.* Y mientras siga con vida, el silbato final aún no ha sonado y no es demasiado tarde para que Dios le lleve directamente hacia el plan que tiene para su vida. ¡No es demasiado tarde para que Dios le introduzca a su glorioso mañana!

Mire, Dios ve su futuro mientras el enemigo trata de hacer que usted esté enfocado en su pasado. Dios dice: "¡*Puedes,* a pesar de lo que has hecho!". Pero el enemigo dice: "¡*No puedes* a causa de lo que has hecho!". Dios nunca le definirá por su pasado, pero el enemigo tratará de limitarle por su pasado. Ya sea que en su primer tiempo haya predominado lo bueno, lo malo o lo feo, el objetivo de Satanás será mantenerle atado a su pasado. Pero mi recomendación a medida que recorremos juntos estas páginas será que nunca deje que su pasado le impida alcanzar su futuro. Aprenda del pasado, pero no viva en él.

El que fue rústico, ¿nunca dejará de serlo?

¿Recuerda a Jed Clampett y *Los Beverly Ricos?* Lo que hizo que ese programa de televisión fuera tan interesante es que Jed y su familia habían sido libres de su pasado —una vida de pobreza y rusticidad en la región montañosa de Ozark—, pero aun después de mudarse a Beverly Hills, seguían viviendo de manera rústica. Su ubicación había cambiado, pero su patrón de pensamientos no. El pasado de los Clampett depreciaba tanto un presente como un futuro valiosos.

Lo mismo sucedió con los israelitas, que escaparon de 430 años de dominio de los egipcios. Los israelitas habían dejado Egipto, pero Egipto seguía en ellos. Cuando enviaron a los espías a la Tierra Prometida, estuvieron a las puertas de un futuro glorioso, pero dado que decidieron enfocarse en las dificultades a las que se enfrentarían en esa Tierra Prometida, murmuraron y se quejaron, y en cambio quisieron volver a su pasado. "Nos acordamos del pescado que comíamos en Egipto de balde, de los pepinos, los melones, los puerros, las cebollas y los ajos", dijeron al quejarse, y decidieron mirar la vida a través del espejo retrovisor en vez de enfocarse en las promesas que tenían por delante.

Cuando Dios liberó a los israelitas de Egipto, los *sacó de* su pasado y los *introdujo a* su futuro: Canaán. Sin embargo, dado que decidieron enfocarse tanto en el pasado, no fueron introducidos a su futuro. Como resultado, tuvieron que deambular por el desierto durante cuarenta años para que Dios pudiera desprenderlos de su pasado. Muchos de nosotros no podemos alcanzar nuestro futuro porque seguimos llevando las cargas de nuestro pasado.

Los israelitas seguían atados a su pasado, porque no hicieron lo que Hebreos 4:1-2 nos dice que es esencial si queremos entrar al destino que Dios tiene para nosotros: debemos combinar la Palabra de Dios con la fe.

> Por lo tanto, debemos temblar de miedo ante la idea de que alguno de ustedes no llegue a alcanzarlo. Pues esta buena noticia —del descanso que Dios ha preparado— se nos ha anunciado tanto a ellos como a nosotros, pero a ellos no les sirvió de nada, porque no tuvieron la fe de los que escucharon a Dios.

Fe significa actuar según la Palabra de Dios. Fe es actuar con base en algo que *no es* como si *lo fuera*, simplemente porque Dios lo *dijo*. Fe siempre implica una acción. Por eso se nos dice que caminemos por fe y no por vista. Hasta que una verdad de la Palabra de Dios haya sido puesta en acción en nuestra vida, solo será una teoría espiritual. No será una experiencia concreta. Sin una acción, morirá en el desierto. Dios no está interesado en nuestro "amén", sino en nuestro proceder.

Si queremos que una bolsa de cemento se convierta en hormigón, tenemos que mezclarla con agua. De la misma manera, debemos mezclar la Palabra de Dios con fe para que se convierta en una experiencia concreta en nuestra vida. La Palabra de Dios puede hacernos sentir bien y provocarnos una euforia emocional, pero esos sentimientos no durarán mucho si la Palabra no está mezclada con fe. La fe demanda una acción, no solo un sentimiento. El pueblo de Israel podría haber llegado a Canaán en treinta y cinco días. Pero lo que debería haberles llevado treinta y cinco días terminó llevándoles cuarenta años debido a que persistieron en mirar atrás. Tal vez eso le resulte conocido. Quizá esperaba haber llegado más lejos en la vida a estas alturas —más lejos en su carrera, sus relaciones, su familia, sus finanzas o incluso en su bienestar emocional y espiritual—, pero en cambio sigue mirando atrás. Sigue diciendo: "Qué hubiera sido si... por qué... pero..." y todas las demás cosas que se dicen del pasado.

Tiene miedo de haberlo echado todo a perder, de haber perdido su oportunidad, de haber fallado. O tiene miedo de que otra persona lo haya estropeado demasiado, que le haya robado su futuro o su esperanza. El pasado es real para usted. Y sin duda lo es. No estoy sugiriendo que su pasado no sea real; pero debe dejar de mirar los puerros y el pescado de su pasado y, en cambio, mirar hacia el futuro, hacia la leche y miel de su destino. Dios les dio una vislumbre de su futuro a los espías, y Él le ha dado una vislumbre de lo que tiene reservado para usted también. Es una vislumbre de un futuro bueno y una esperanza.

A diferencia de los israelitas en el desierto, los individuos que estamos por estudiar en este libro actuaron en fe como respuesta a la Palabra de Dios. En consecuencia, muchos de ellos han sido conmemorados en el "Salón de la fama de la fe" de Hebreos 11, y todos son conocidos por haber cumplido el llamado de Dios en sus vidas. Dios está esperando que usted dé el salto de fe hacia sus brazos llenos de gracia como ellos hicieron.

No es demasiado tarde

La sala de maternidad de los hospitales es uno de los lugares más optimistas de la tierra. Con cuatro hijos y diez nietos (¡por ahora, porque la cantidad de nietos sigue creciendo!), he tenido la posibilidad de conocer bastante bien las salas de maternidad.

Con la nariz contra la ventana y ojos que observan a los recién nacidos, se puede escuchar a padres, abuelos, familiares y amigos expresar sus felicitaciones, alegría, expectativas y esperanza para los bebés que nacen. La esperanza en las salas de maternidad es ilimitada, ¡cómo debería ser! Deseamos creer que nuestros hijos, hijas, familiares o amigos un día crecerán y cambiarán el mundo, ganarán los Juegos Olímpicos, escribirán una novela de gran éxito comercial o llegarán a ser presidentes de la nación.

Aunque muchos corazones rebosan de esperanza ese día del nacimiento, no todos verán sus sueños hacerse realidad a medida que pasan los días, los años y toda la vida. La vida nos da sorpresas desagradables, nos presenta dificultades y retos que pueden cortarnos las alas.

Cuando esto sucede, muchos de nosotros pedimos una segunda oportunidad, así como los niños muchas veces piden "¡Otra vez!" cuando no les gusta un resultado. Nosotros quisiéramos pararnos frente a la vida y decir: "¡Otra vez!", pero la realidad es que no podemos cambiar el pasado. Debido a ello, muchas personas están estancadas en su presente simplemente porque están estancadas en su pasado. Y aunque muchas veces los cristianos hablan del poder ilimitado de Dios que obra milagros, la mayoría piensa que Dios no le dará otra oportunidad.

Es verdad: Dios no puede cambiar nuestro pasado, ni lo hará. Pero Él puede cambiar nuestro futuro, y esa sola verdad debería darnos esperanza. Siempre hay esperanza cuando tenemos a Dios de nuestro lado. Amigo, si algo escuchará de mí a lo largo de este libro, escuche estas cuatro palabras: *No es demasiado tarde*.

A medida que lee este libro, quiero que experimente esta realidad a través de la vida de personas que podrían haber pensado que era demasiado tarde para que les sucediera algo bueno. Puede que hayan hecho algo, como haber tomado una mala decisión, o que les hayan hecho algo. Sin embargo, no fue demasiado tarde para que Dios transformase el caos de su vida en un milagro.

No fue demasiado tarde para Jonás, que ignoró el mandato de Dios de predicar un llamado al arrepentimiento al pueblo de Nínive y terminó en el vientre de una ballena. Pero Dios rescató a un Jonás arrepentido, que llegó a encabezar uno de los mayores avivamientos de todos los tiempos.

No fue demasiado tarde para Sansón, que dio la espalda a los votos que hizo a Dios y se fue de fiesta con las mujeres filisteas. Aunque perdió su fuerza sobrenatural a causa de su pecado, en su quebranto clamó por última vez a Dios, y Dios le usó para derrotar a sus enemigos.

No fue demasiado tarde para Sara, que dudó de la promesa de Dios de que daría a luz un hijo, al reírse de la noticia a causa de su edad avanzada. Aunque tramó una solución humana en un intento fallido por ejecutar una promesa sobrenatural, Dios, en su misericordia, cumplió la promesa en los últimos años de su vida.

No fue demasiado tarde para Pedro, que a pesar de haber hecho la osada declaración de que nunca dejaría a Jesús, lo negó tres veces. Pero la vida de Pedro fue restaurada espiritualmente, y pasó a realizar cosas que ese pescador nunca pudo haber imaginado.

Tampoco fue demasiado tarde para Rahab, Jacob o Ester, y definitivamente, tampoco es demasiado tarde para usted. Dios tiene un propósito, un destino y una meta para su vida. No retroceda ahora. Ya ha llegado demasiado lejos. Usted no puede cambiar su pasado, independientemente de cuánto desee cambiarlo. Pero su pasado no tiene que determinar su futuro. No es demasiado tarde para vivir en la esperanza y el supremo llamado que le pertenecen en Jesucristo.

A pesar de lo que usted haya hecho, a pesar de lo que otros le hayan hecho y a pesar de lo profundo que sea el pozo en el que se encuentre, Dios todavía puede restaurar y usar su vida. *No es demasiado tarde*. Pero no se deje llevar por mis palabras. Siga leyendo. Profundice junto a mí en la vida de personas quebrantadas que nos dejaron un legado de fe.

CAPÍTULO UNO

Moisés era un asesino

3 ~g~l

Moisés era un asesino. No se puede ser peor que eso. A los cuarenta años de edad, Moisés asesinó a un hombre, y en consecuencia salió disparado del epicentro del lujo egipcio y terminó en medio de un desierto llamado Madián, donde cuidaría ovejas durante los siguientes cuarenta años.

¡Qué desvío!

Las malas decisiones pueden hacer que nuestras vidas cambien de rumbo; no solo por un año o dos, sino por décadas. Recuperar el rumbo de la vida parece una hazaña imposible, pero eso es exactamente lo que Moisés tenía que hacer.

Si usted ha pasado mucho tiempo con ovejas, sabe que las ovejas no son una compañía muy inspiradora. De hecho, es muy probable que Moisés se sintiera frustrado y aburrido con las ovejas. ¿De qué otra manera se puede explicar el hecho de que, en Egipto, Moisés "era poderoso tanto en palabras como en acciones" (Hechos 7:22), pero más tarde pusiera reparos al llamado de Dios sobre su vida —no una sino dos veces— porque se le trababa la lengua y se le enredaban las palabras (Éxodo 4:10) y era "torpe para hablar" (Éxodo 6:12)? Estas son dos realidades completamente opuestas. No se puede ser "poderoso tanto en palabras como en acciones" y a la vez "torpe para hablar".

Algo le pasó a Moisés en Madián. No solo envejeció, sus huesos le dolían más que antes o su cabello se llenó de canas; en Madián, Moisés perdió de vista quién era. Perdió su confianza. Se olvidó de su propio potencial. O como me gusta decir: Moisés perdió su esencia. Es probable que usted nunca haya asesinado a nadie, pero podría haber perdido su esencia a lo largo del camino. Si no sabe qué quiero decir con esencia, es simplemente esa chispa, energía y entusiasmo que hacen que usted sea quien es.

Quizá haya tomado alguna vez una decisión que puso su vida en la senda incorrecta, y hasta el día de hoy se arrepiente de eso. En vez de dejar una estela de gloria en la vida, lo mejor que puede esperar es conformarse con pequeños destellos de luz.

Me imagino que al principio, como la mayoría de las personas, tenía usted sueños. Tenía una visión. Conocía su capacidad y las habilidades que podía usar para afectar positivamente a este mundo. De hecho, puede que haya pensado que podía desafiar a este mundo. Pero después se dio cuenta de que estaba en su propio Madián, y conforme el tiempo pasaba y cada día tenía que lidiar con las mismas ovejas, ir al mismo pozo de agua, escuchar las mismas quejas sobre lo pedregoso del camino y lo urticante de la lana, la chispa en su interior se fue apagando.

Si ha sido así, le voy a pedir que confíe en mí; no por quién soy yo, sino por quién es Dios. Las historias de estas páginas no son historias mías. Son historias de Dios, y Él las preservó para que sean de aliento para usted y para mí. De modo que esta es mi pregunta para usted: ¿Lo hará? ¿Confiará en mí? Porque lo que estoy por decirle puede cambiar su vida. La verdad de Dios tiene el poder de hacer justamente eso.

Moisés perdió su esencia

Lo primero que quiero decirle es que si ha perdido su esencia, no es el único. Dijimos que lo mismo le pasó a Moisés: uno de los héroes más famosos de la Biblia. Cuando llegó el momento oportuno para que Moisés cumpliera el llamado de su vida de sacar a millones de personas de la esclavitud hacia la libertad, ni siquiera quería responder al llamado. "¿Y cómo va a hacerme caso el faraón, si ni siquiera los israelitas me creen?", argumentaba Moisés. Se parecía a un adolescente que tiene un berrinche porque no quiere hacer su tarea. "Elegiste al hombre incorrecto, Dios. El pueblo no me hizo caso, y el faraón tampoco lo hará", dijo Moisés en la versión parafraseada de Éxodo 6:12 de Tony Evans.

Pero Moisés estaba equivocado. Y usted también lo está si cree que Dios no puede o no quiere usarle. Amigo, Dios tiene un plan para usted y un plan para mí, así como lo tuvo para Moisés. Puede que el plan de Dios para su vida no incluya sacar a millones de personas de la esclavitud, pero su plan es bueno porque Él es un Dios bueno. Es un plan con un futuro y una esperanza.

Si Moisés pudo recuperarse después de cuarenta años de marginación, usted también puede hacerlo. De hecho, debido a que Moisés pudo recuperarse estoy escribiendo este libro para usted. Con tanto para aprender de la vida de Moisés y de otros personajes que vamos a estudiar, nadie debería pensar *nunca* que es demasiado tarde para que Dios cambie su situación. Si ha pensado en rendirse, tirar la toalla o descartarse de hacer ninguna contribución importante en la vida, *no lo haga*. No es demasiado tarde. ¿Recuerda lo que le pedí que hiciera? Confíe en mí. No por mí, sino por Dios y las verdades de su Palabra de las que voy a hablarle.

Ahora bien, no voy a discutir con usted; tal vez haya tomado una mala decisión o muchas malas decisiones. Y quizá su situación parezca poco prometedora por fuera, por dentro o en ambos sentidos. Pero dudo que se vea peor que un anciano en Madián que camina con las ovejas todos los días.

Usted todavía está con vida leyendo esta página, de modo que no es demasiado tarde para que Dios haga algo asombroso en usted y a través de usted. Dios es el gran Dios de lo inimaginable, y sus caminos son mucho más altos que los nuestros. Nunca mire sus circunstancias.

Nunca se mire a sí mismo. Es muy probable que la perspectiva de usted mismo y de sus circunstancias se haya distorsionado, como sucedió con la de Moisés. En cambio, quiero que se enfoque en Dios. Observe lo que Él hace con cada una de las vidas que veremos en este libro. Y cuando lo haga, quiero que se atreva a esperar otra vez. Atrévase a soñar otra vez; a tomar su esencia y adoptar esa postura otra vez. Dios cambió totalmente la situación sin esperanza de Moisés en el desierto, y Él quiere cambiar también su situación.

Los orígenes de Moisés

Las Escrituras nos dicen que cuando nació Moisés, un bebé hebreo nacido en el seno de una familia esclava durante el apogeo del dominio y gobierno egipcio, era un varón hermoso. Algo especial en Moisés hizo que ciertas personas estuvieran dispuestas a arriesgarse a recibir el castigo de los líderes egipcios a fin de salvarlo.

El primer capítulo de Éxodo explica que, en esa época, un nuevo faraón había llegado al poder en Egipto. Él "no conocía nada de José", el israelita que había jugado un papel decisivo durante un período prolongado de hambruna nacional (Éxodo 1:8). El plan de José había salvado a los egipcios y a muchos pueblos de naciones vecinas, incluso a su propio padre y a sus hermanos con sus familias.

Al poco tiempo, los setenta hebreos (sin contar a las esposas) que habían ido a vivir a Egipto se habían multiplicado tanto, que el faraón se sintió amenazado. Por tal motivo, el faraón tomó una decisión. "Miren, el pueblo de Israel ahora es más numeroso y más fuerte que nosotros. Tenemos que idear un plan para evitar que los israelitas sigan multiplicándose. Si no hacemos nada, y estalla una guerra, se aliarán con nuestros enemigos, pelearán contra nosotros, y luego se escaparán del reino" (vv. 9-10).

Al principio, el plan era desgastar al pueblo hebreo por medio de trabajos forzados, con la esperanza de que no solo se desalentaran, sino que también se redujeran en número. Faraón debió de haber imaginado que si los hebreos estaban exhaustos de tanto trabajo, no tendrían incentivo, fuerza ni tiempo de seguir poblando la tierra. "Por lo tanto, los egipcios esclavizaron a los israelitas y les pusieron capataces despiadados a fin de subyugarlos por medio de trabajos forzados. Los obligaron a construir las ciudades de Pitón y Ramsés" (v. 11). Sin embargo, cuanto más trataban de desgastarlos, "más los israelitas se multiplicaban y se esparcían" (v. 12). En consecuencia, los egipcios aumentaban su opresión y "les amargaban la vida forzándolos a hacer mezcla, a fabricar ladrillos y a hacer todo el trabajo del campo" (v. 14).

Puesto que todavía no había disminuido la cantidad de nacimientos hebreos en Egipto, tal como el faraón esperaba, decidió hacerlo él mismo y "dio la siguiente orden a las parteras hebreas Sifra y Puá: 'Cuando ayuden a las mujeres hebreas en el parto, presten mucha atención durante el alumbramiento. Si el bebé es niño, mátenlo'" (vv. 15-16). Pero la Biblia dice: "Como las parteras temían a Dios, se negaron a obedecer las órdenes del rey, y también dejaron vivir a los varoncitos" (v. 17).

Entonces el faraón amplió su ataque y dijo: "Tiren al río Nilo a todo niño hebreo recién nacido; pero a las niñas pueden dejarlas con vida" (v. 22). Eso es lo que finalmente le sucedió al varoncito Moisés, aunque no lo "tiraron" al Nilo exactamente; sino que la madre de Moisés "tomó una canasta de juncos de papiro y la recubrió con brea y resina para hacerla resistente al agua. Después puso al niño en la canasta y la acomodó entre los juncos, a la orilla del río Nilo" (Éxodo 2:3).

Sucedió que mientras Moisés estaba flotando en el río dentro de su canasta de juncos, apareció la hija del faraón. Mientras se bañaba en el Nilo, vio la canasta y le pidió a su criada que fuera y se la trajera.

Al abrir la canasta la princesa vio al bebé. El niño lloraba, y ella sintió lástima por él. "Seguramente es un niño hebreo", dijo. Entonces la hermana del bebé se acercó a la princesa.

—¿Quiere que vaya a buscar a una mujer hebrea para que le amamante al bebé? —le preguntó.

—¡Sí, consigue a una! —contestó la princesa.

Entonces la muchacha fue y llamó a la madre del bebé. "Toma a este niño y dale el pecho por mí —le dijo la princesa a la madre del niño—. Te pagaré por tu ayuda". Así que la mujer se fue con el bebé a su casa y lo amamantó (Éxodo 2:6-9).

¡Qué cambio de rumbo! En un momento, el niño Moisés está por perder la vida, y al siguiente está creciendo en la casa del faraón, ¡y hasta le pagan a su propia madre para que lo críe! El libro de los Hechos nos da una vislumbre del niño al que el escritor de los Hechos llama "agradable a los ojos de Dios" (Hechos 7:20, NVI). Leemos: "Así Moisés fue instruido en toda la sabiduría de los egipcios, y era poderoso en palabra y en obra" (v. 22, NVI). En otras palabras, Moisés tuvo una clase de vida superior. Fue a las mejores escuelas y tuvo la mejor educación y las mejores oportunidades.

Moisés nunca tuvo que preocuparse por las finanzas o si podía comprarse ropa de marca. Tenía cultura, aptitudes y poder. De hecho, como miembro de confianza de la casa del faraón, cumplía con los requisitos para llegar a ser un poderoso gobernante de Egipto.

Pero algo sucedió cuando Moisés cumplió cuarenta años, que cambiaría su vida para siempre.

Un día, cuando ya Moisés era mayor de edad, fue a ver a sus hermanos de sangre y pudo observar sus penurias. De pronto, vio que un egipcio golpeaba a uno de sus hermanos, es decir, a un hebreo. Miró entonces a uno y otro lado y, al no ver a nadie, mató al egipcio y lo escondió en la arena (Éxodo 2:11-12, NVI).

Moisés recordó lo que le habían dicho sobre él. No sabemos quién se lo dijo, pero es muy probable que su madre le susurrara a sus oídos:

"Tú eres uno de ellos", mientras cuidaba de él. "Tú eres uno de nosotros, Moisés", pudo haberle dicho. "Eres un israelita". Sabemos que Moisés lo sabía porque leemos que Moisés fue a ver a sus "hermanos". De hecho, el pasaje menciona la palabra *hermanos* dos veces, para recalcar que Moisés sabía que era israelita y no egipcio.

Inquieto por sus hermanos y para identificarse con ellos, Moisés decidió relacionarse con el pueblo de Dios en vez de vivir a lo grande en Egipto. Estaba comprometido a hacerlo. Estaba determinado. Incluso era influyente. Solo que no supo cuál era la manera correcta de hacer lo que quería hacer.

> Cuando cumplió cuarenta años, Moisés tuvo el deseo de allegarse a sus hermanos israelitas. Al ver que un egipcio maltrataba a uno de ellos, acudió en su defensa y lo vengó matando al egipcio. Moisés suponía que sus hermanos reconocerían que Dios iba a liberarlos por medio de él, pero ellos no lo comprendieron así (Hechos 7:23-25, NVI).

Moisés pensó equivocadamente, y entonces actuó equivocadamente. Moisés vio que un egipcio estaba molestando a uno de sus hermanos, y dijo: "No voy a dejar que te salgas con la tuya. ¡Voy a ser el que libere a mi pueblo, y voy a empezar ahora mismo contigo!". Moisés hizo lo que muchos de nosotros hacemos: usó medios humanos para lograr un objetivo divino. Usó su propia orientación y perspectiva para buscar un resultado legítimo. Moisés no trató de detener la pelea, sino que vengó al israelita con la muerte del egipcio.

Ahora bien, no estoy muy seguro de cuál era el plan a largo plazo de Moisés. No sé si pensó que iba a liberar a los israelitas eliminando a un egipcio cada vez o si estaba poniendo las cosas en su lugar. Como miembro muy notorio de la casa de Faraón, Moisés sabía que podía llamar la atención con solo estar allí. Por eso las Escrituras señalan que "entonces Moisés miró a todos lados para asegurarse de que nadie lo observaba, y mató al egipcio y escondió el cuerpo en la arena" (Éxodo

2:12). Seguro de que nadie lo había visto, Moisés debió de haber pensado que había comenzado el proceso de mostrar dónde estaba su compromiso. Él era realmente el héroe de los israelitas, enviado a liberarlos de su opresión. Sin embargo, al día siguiente, cuando Moisés trató de detener una pelea entre dos israelitas, rechazaron su ayuda. Él no los estaba tratando de matar también; solo les estaba diciendo: "Hermanos, ¿no podemos llevarnos todos bien?".

En cambio, ellos le dijeron: "¿Y quién te nombró a ti gobernante y juez sobre nosotros? ¿Acaso quieres matarme a mí, como mataste ayer al egipcio?" (Hechos 7:27-28, NVI). El día anterior debió de haber pasado una de dos cosas. Puede que Moisés no hubiera notado que alguien estaba observando. Pero lo más probable es que el joven rescatado y vengado hubiera comenzado a hablar.

Por tanto, ahora Moisés tenía dos problemas. Primero, había cometido un asesinato en primer grado. Y *era* un asesinato, porque como líder respetado, no tenía que matar al egipcio para detener la pelea. Segundo, los hermanos que él fue a ayudar lo rechazaron. Entonces Moisés tenía dos cosas de las cuales recuperarse. Pero antes de que siquiera tuviera la oportunidad de intentarlo, la noticia de lo que había hecho llegó a oídos de los egipcios, incluso hasta el mismo faraón. Leemos: "el faraón se enteró de lo que había ocurrido y trató de matar a Moisés; pero él huyó del faraón y se fue a vivir a la tierra de Madián. Cuando Moisés llegó a Madián, se sentó junto a un pozo" (Éxodo 2:15).

Así que ahora encontramos a Moisés, un fugitivo solitario, sentado junto a un pozo en medio del desierto. Antes de seguir adelante, quiero asegurarme de que no se excuse y me diga: "¡Pero, Tony, yo nunca he matado a nadie!". Para Jesús, el asesinato físico no es la única manera de matar a alguien. Esa es solo la única manera obvia. Jesús dice incluso que una persona no debería ni siquiera proyectar su enojo hacia otra. Tal vez, ese enojo no le quita físicamente la vida a nadie, pero inicia el proceso de quitar cosas de esa vida.

El enojo puede manifestarse de varias maneras. Se manifiesta cuando el carácter de una persona es destruido o menoscabado por otra persona que está enojada con él o ella. Se manifiesta cuando alguien no es capaz de progresar en el lugar de trabajo, en una comunidad o en la iglesia, porque alguien se lo impide. Se puede manifestar en el hogar cuando uno de los cónyuges busca controlar o dominar al otro con su enojo. O cuando un padre daña la autoestima de su hijo con arrebatos de enojo o expectativas irreales. El enojo puede manifestarse en todos lados; no solo en Egipto. Hace daño en el lugar de trabajo, en el hogar, en la iglesia y en la comunidad de varias maneras, al intentar quitar oportunidades a los demás y destruir su potencial.

Entonces, mi pregunta para usted es: ¿Alguna vez ha herido o dañado a alguien con su enojo? Si es así, desde el punto de vista espiritual, la historia de Moisés también se aplica a usted. En realidad, no es tan difícil ser considerado un asesino en el reino de Dios. Puede que no esté sentado junto a un pozo en Madián, pero las consecuencias espirituales se manifiestan de otras maneras.

La vida de Moisés cambió en dos días, y nuestra vida puede cambiar con la misma rapidez.

Esto me recuerda la implosión que hace poco vi en las noticias. En Dallas habían puesto en cuarentena un par de edificios muy antiguos para una implosión, a fin de que los constructores pudieran construir un nuevo edificio en ese lugar. En menos de quince segundos, lo que había estado allí por años y años, simplemente hizo implosión y se derrumbó. Edificios que habían requerido grandes cuadrillas de trabajadores durante más de un año o dos para su edificación terminaron convertidos en un montón de escombros en menos tiempo del que probablemente le lleve a usted leer esta página. A veces la vida puede ser de esta manera también. Su vida puede estar pasando sin desvelos y entonces, en menos de dos días, toda su vida se derrumba. Se desploma, sus sueños mueren, y usted no está ni por asomo cerca de donde pensó que estaría o donde quería estar.

Moisés pasó de la "Casa Blanca" a un establo en solo dos días debido a un mal paso, un desacierto. Estoy seguro de que mientras Moisés cuidaba de esas ovejas en el desierto día a día, echaría la vista atrás a su vida, pensando que si tan solo pudiera hacer retroceder el tiempo, haría las cosas de modo diferente. *Ese* día no hubiera tomado *la decisión* que tomó con *esa* persona. No hubiera ido a ese lugar, no hubiera hecho o dicho eso o no hubiera dejado de hacer o decir una cosa u otra. Si tan solo pudiera hacer retroceder el tiempo, podría cambiar su situación. Todavía seguiría viviendo en la casa del faraón, comiendo la comida del faraón, iría a las fiestas del faraón, usaría su tarjeta Visa egipcia y conduciría su carroza Mercedes. Pero ahora, en el desierto, con el faraón tras él para matarlo, Moisés ya no ve ninguna esperanza para él. Probablemente piense, como podría pensar usted hoy: "Es demasiado tarde para mí. Dios no puede usarme después de lo que hice con mi vida".

De hecho, cuando llegamos al tercer capítulo de Éxodo, Moisés tiene ochenta años. Hemos leído en el libro de los Hechos que cuando Moisés mató al egipcio, tenía cuarenta años. Sin embargo, cuando tuvo su siguiente encuentro con Dios, tenía ochenta años (Hechos 7:30). Tuvo un receso de cuarenta años por una mala acción. Pero cuando pensamos en esto, vemos que no es tan inusual. Hace treinta y cinco años que soy pastor, y en consecuencia he pasado mucho tiempo aconsejando a individuos y familias en medio de las pruebas de sus vidas. No es raro descubrir que hubo malas decisiones que hace décadas desencadenaron consecuencias emocionales, físicas, de actitudes o relacionales. Así como la vida de Moisés tuvo un cambio drástico, también lo tuvo la vida de otras personas; y el pensamiento que siempre surge es: "Si no hubiera…".

Amigo, si en este momento usted está pasando una situación que le hace pensar "si no hubiera…", quiero que preste mucha atención a lo siguiente. Debido a su pasado, puede que piense que es demasiado tarde para volver a soñar, esperar o recuperar su esencia. Pero nunca es demasiado tarde cuando Dios está presente. Y mientras usted siga con vida, Dios estará presente, porque Él no se va a ningún lado.

A los ochenta años, hubiera sido fácil para Moisés pensar que era demasiado tarde. A los ochenta años, probablemente era fácil que Moisés pensara que nada iba a cambiar. A los ochenta años, sin duda Moisés pensó que todos sus mañanas serían como sus días presentes y que estaría condenado para siempre a una vida desdichada como pastor de las ovejas de su suegro.

Pero a los ochenta años, todo *cambió* para Moisés.

Leemos: "Un día en que Moisés estaba cuidando el rebaño de Jetro, su suegro, que era sacerdote de Madián, llevó las ovejas hasta el otro extremo del desierto y llegó a Horeb, la montaña de Dios" (Éxodo 3:1, NVI).

Horeb, la montaña de Dios, también se conoce como el monte Sinaí. Moisés está a punto de tener el encuentro de su vida, y el lugar de ese encuentro es decisivo. El monte Sinaí es donde más adelante Dios le daría los Diez Mandamientos. Se la conoce como la montaña de Dios porque es el lugar de la presencia de Dios. En otras palabras, aquí Moisés tiene un encuentro que lo hará libre de su pasado y le dará un futuro completamente nuevo en la presencia de Dios. Solo cuando Moisés llevó su rebaño a la montaña de Dios, pudo recuperar lo que había perdido.

Si usted se encuentra en una situación como la de Moisés y ha estado viviendo mes a mes o año a año con repercusiones de sus desaciertos y malas decisiones, el primer paso para recuperarse es averiguar qué necesita realmente.

No necesita otro sermón. No necesita otro seminario o conferencia bíblica. Para ser sincero, ni siquiera necesita otro libro. No quiero decir con esto que quiera que deje de leer este libro o que deje de ir a la iglesia. Esas cosas son buenas e importantes. Pero cuando usted se encuentra en una situación como la de Moisés, necesita un encuentro con Dios totalmente nuevo.

Necesita estar en la presencia de Dios. En su presencia, escuchará una palabra específica de Dios para su vida más que una palabra para todos en general. Dios explica en Joel 2:25-26 (NVI) qué puede suceder en su presencia.

Yo les compensaré a ustedes por los años en que todo lo devoró ese gran ejército de langostas que envié contra ustedes: las grandes, las pequeñas, las larvas y las orugas.

Ustedes comerán en abundancia, hasta saciarse, y alabarán el nombre del Señor su Dios, que hará maravillas por ustedes.

Las "langostas" habían devorado cuarenta años de la vida de Moisés debido a la decisión que había tomado; sin embargo, Dios usa esos cuarenta años para hacer lo que Moisés nunca podría haber hecho sin ellos. Antes del desierto, Moisés pensaba que podía liberar a los israelitas por sí solo, un hombre cada vez. Después del desierto, Moisés había aprendido a depender de Dios. Moisés no fue eximido de recibir las consecuencias de su error, y los cuarenta años perdidos se perdieron para siempre; pero lo hermoso de Dios es que Él invierte el *valor* de esos años perdidos en los siguientes cuarenta años de Moisés.

Pero esa transferencia de valor solo sucedió cuando Moisés fue hasta donde Dios estaba, cuando se encontró con su presencia. Lo mismo sucede con usted y conmigo. Dios promete restaurarnos cuando nos volvemos a Él, pero eso significa más que escuchar un sermón, ir a un seminario o cantar una alabanza; significa estar desesperado por Él en su presencia.

Cuando Dios hace algo sorprendente

En la presencia de Dios, Moisés tuvo un espectáculo de luces con efectos especiales. Leemos en Éxodo 3:2: "Allí el ángel del Señor se le apareció en un fuego ardiente, en medio de una zarza. Moisés se quedó mirando lleno de asombro porque aunque la zarza estaba envuelta en llamas, no se consumía". Moisés experimentó la presencia de Dios. De hecho "el ángel del Señor" es Cristo preencarnado, de modo que Moisés tuvo una experiencia cara a cara y personal con Dios.

Podemos aprender un secreto de este pasaje, el secreto de cómo saber cuándo Dios está por hacer algo sorprendente en nuestra vida. Este pasaje explica cómo saber cuándo Dios está a punto de invadir nuestra vida común y corriente con algo extraordinario. Los teólogos tienen un nombre selecto para cuando Dios se manifiesta, que toman de los rabinos judíos antiguos: *Shekiná*. La *Shekiná*, una transliteración del hebreo, significa literalmente "habitar" o "morar". La gloria *Shekiná* es la manifestación visible de la presencia de Dios. Es la manera en que Dios se hace visible para que usted *sepa* que Él está ahí. Nunca en la historia hemos visto a Dios mostrarse solo para hacer acto de presencia. Cuando Dios se muestra de manera visible, *Shekiná*, está por hacer algo que le dejará perplejo. Dios invade la normalidad de nuestra vida con su anormalidad, creando una situación que no se puede explicar. Pero tengamos presente que cuando Dios hace algo que no tiene lógica, no tiene que parecernos lógico. No tiene sentido ni siquiera tratar de encontrarle lógica; tan solo observemos y veamos a Dios en esa situación.

Reiteradas veces en la Biblia y en la historia subsecuente, cuando Dios estuvo a punto de moverse en una situación al parecer sin esperanza, se manifestó de manera inexplicable para el entendimiento humano. Es importante recordar esto. Si estamos en la presencia de Dios y estamos buscando un cambio, busquemos algo que no podamos explicar. Dios nos dice en Isaías 55:8-9: "Mis pensamientos no se parecen en nada a sus pensamientos —dice el Señor—. Y mis caminos están muy por encima de lo que pudieran imaginarse. Pues así como los cielos están más altos que la tierra, así mis caminos están más altos que sus caminos y mis pensamientos, más altos que sus pensamientos".

Así de diferente es Dios de usted y de mí. Él no se parece a nosotros. Sus caminos están tan altos que ni siquiera los podemos ver. Uno de mis grupos vocales preferidos de todos los tiempos son los Delfonics, y si Dios hubiera escrito esto en la época de la música soul, lo habría fraseado de esta forma: "¿Acaso no te dejé perplejo esta vez? ¿Acaso no me manifesté de una manera que no te pudiste explicar?".

En el caso de Moisés, Dios se manifestó en una zarza envuelta en llamas que no se quemaba. No sería nada especial ver una zarza envuelta en llamas en un desierto abrasador. Las cosas se resecan en el desierto, y se producen incendios. Pero cuando una zarza está envuelta en fuego y no se quema, eso es diferente. Dios se manifestó en esta situación anormal. Y cuando lo hizo, Moisés dijo: "Esto es increíble… ¿Por qué esa zarza no se consume? Tengo que ir a verla de cerca" (Éxodo 3:3). Moisés no podía explicarlo, pero tampoco podía ignorarlo. Dijo que eso era "increíble", y sin lugar a dudas quería saber qué estaba sucediendo con aquella zarza extraña.

Y Dios se lo dijo. Después de que Moisés se acercara a mirar la zarza, Dios le habló. Leemos: "Cuando el Señor vio que Moisés se acercaba para observar mejor, Dios lo llamó desde el medio de la zarza: '¡Moisés! ¡Moisés!'. 'Aquí estoy', respondió él" (v. 4). Dios no se manifestó a Moisés hasta que Moisés se acercó a mirar. Muchos de nosotros queremos más de Dios, pero no nos hemos vuelto para mirar lo que Él ya está haciendo. Queremos que Dios se manifieste, pero no hemos respondido a la manera en que Él ya se ha manifestado. Y después nos sentamos a quejarnos y preguntarnos por qué no recibimos más.

Una de las razones por las que no recibimos más es porque Dios no nos ha visto hacer nada con lo que ya nos ha dado. Cuando Dios nos da algo que nunca hemos visto antes y no podemos explicarlo, no lo ignoremos. Acerquémonos y busquemos a Dios en medio de ello, porque es posible que Dios solo esté tratando de manifestarse a nuestra vida en un nivel totalmente nuevo.

Eso es lo que Dios hizo con Moisés. Cuando Moisés se acercó, escuchó dos palabras: "¡Moisés! ¡Moisés!". ¿Le habló Dios en hebreo? Moisés había estado viviendo en el desierto de Madián como un extranjero durante cuarenta años; ¿acaso no habían pasado todos esos años desde que no escuchaba decir su nombre en hebreo? Después de estar atrapado en un desierto durante cuatro décadas en las que su vida parecía no ir a ningún lado, de en medio de una zarza Moisés escucha a Dios que lo llama por su nombre. No era un sermón general ni una palabra general para todos; sino que Dios le hablaba directamente a Moisés, porque la situación de Moisés era tan desesperada que requería una palabra personal de Dios.

Hace casi cuatro décadas que predico, y no puedo contar la

cantidad de veces que alguien se acerca a mí después de un sermón que prediqué sin tener a ninguna persona en mente, y que ese individuo me diga que el sermón que acabo de predicar era exactamente para él. De hecho, la semana pasada se me acercó una dama después del sermón —alguien a quien no conocía— y me dijo: "Pastor, lo que predicó esta mañana era justo para mí. Estaba luchando con una decisión, y su sermón me dijo exactamente lo que debía hacer". Ahora bien, yo no conocía la situación de esa mujer. Solo prediqué lo que Dios puso en mi corazón para ese domingo en particular. Pero cuando estamos en la presencia de Dios, el Espíritu Santo toma la *Palabra de Dios* y la convierte en una *palabra de Dios* para nosotros.

Cuando usted está sentado en una congregación escuchando un sermón, o escuchando la radio o su MP3, o leyendo un libro, y siente como si fuera la única persona en ese lugar o que ese mensaje era solo para usted, es allí cuando Dios lo está llamando por su nombre... "¡Sara, Sara!" o "¡Carlos, Carlos!".

Cuando usted escuche su nombre, haga lo que hizo Moisés, que dijo: "Aquí estoy". Me hubiera gustado estar allí, porque dudo que Moisés pronunciara esas palabras claramente. Es probable que se pareciera más a un gemido varonil. Él estaba mirando a una zarza que ardía pero no se quemaba. Acababa de escuchar que Dios le hablaba directamente a él, por su nombre. Ya era un milagro que Moisés fuera capaz de contenerse. En mi paráfrasis Tony Evans, Moisés pudo haber respondido: "¿Yo? Sí. ¡Aquí estoy!".

La razón por la que pienso así tiene que ver con lo que sigue a continuación. Dios rápidamente respondió: "No te acerques más" (v. 5). Moisés había escuchado decir su nombre después de cuarenta años de silencio, y estaba a punto de averiguar de dónde provenía. Pero Dios le detiene en seco mientras se acerca y le dice: "Quítate las sandalias, porque estás pisando tierra santa" (v. 5).

Dios detiene a Moisés y le dice que se quite las sandalias. El hecho de quitarse las sandalias lo identificaba con quién era como humano. El hombre fue originalmente hecho de la tierra. Dios hizo a Adán del polvo de la tierra antes de que soplara aliento de vida en él. Por tanto, originalmente, toda la humanidad proviene de la tierra. Cuando usted o yo muramos, gran parte de nuestro cuerpo físico se corromperá y volverá a la tierra. Quitarse las sandalias le recordaba a Moisés quién era y cuán alto debía estar en la presencia de Dios. Cualquier sandalia que Moisés usara tendría una suela. Y aunque esa suela tuviera tan solo medio centímetro de espesor, seguía siendo medio centímetro demasiado alto en la presencia de Dios.

No solo eso, sino que en su mejor día, Moisés necesitaba recordar que no era mucho más que tierra dignificada. Si bien Dios puede hacer mucho con tierra dignificada, no quería que Moisés se "[creyera] mejor de lo que realmente [era]" (Romanos 12:3).

"¡Moisés! ¡Moisés! —lo llamó Dios—. Quiero recordarte de qué estás hecho. Quítate tus sandalias y ponte en contacto con lo que realmente estás ligado: *tierra*". Pero la diferencia ahora es que esa tierra es tierra especial, porque es tierra santa. Es maravilloso lo que Dios puede hacer con tierra santa sobre suelo santo.

Después de cuarenta años de guiar a ovejas torpes por un desierto estéril, probablemente Moisés pensaba que era demasiado tarde para hacer algo significativo; especialmente cumplir ese sueño perdido hace mucho tiempo de ayudar a liberar a los israelitas. Pero Moisés no sabía que Dios le había estado preparando durante todo ese tiempo. Primero le dio cuarenta años de preparación en "las afueras" del lujo de Egipto. Después le dio cuarenta años de preparación en el "centro urbano" de la soledad de Madián. Los segundos cuarenta años de preparación fueron resultado de la mala decisión de Moisés, pero eso no impidió que Dios le usara. Moisés necesitaría las habilidades que aprendió guiando ovejas en el desierto para guiar a las ovejas de Israel al sacarlas de Egipto y llevarlas hasta la Tierra Prometida.

Las consecuencias que Moisés sufrió sin duda fueron dolorosas, y los días, noches, semanas, meses y años sin duda fueron largos; pero Dios tiene una forma única de transformar el desastre en un milagro. Aprendemos de la vida de Moisés que Dios no siempre alivia las consecuencias o borra el dolor, pero Él es tan grande que ni siquiera se perturba por el desastre que usted hace. Él aún tiene un plan y un llamado para usted. Si lo busca, lo encontrará, como hizo Moisés cuando Dios se le apareció en su desierto.

Pero lo interesante sobre el momento del llamado de Moisés es que no sucedió hasta que en Egipto sucedió otra cosa. Tengamos en cuenta que Dios nunca trabaja solamente con nuestra vida. Dios siempre hace más que una sola cosa a la vez. Dios estaba preparando a Moisés en el desierto durante su paréntesis de cuarenta años, pero también estaba esperando a que toda la nación clamara a Él para ser libre. Fundamentalmente, Israel debía *querer* ser libre. Los israelitas estaban disfrutando demasiado de Egipto. Pero cuando clamaron, Dios habló a Moisés.

La Biblia está dividida en versículos y capítulos para que no nos perdamos en la lectura; pero cuando se escribió la Biblia, no tenía versículos ni capítulos. El capítulo 2 de Éxodo termina así:

> Con el paso de los años, el rey de Egipto murió; pero los israelitas seguían gimiendo bajo el peso de la esclavitud. Clamaron por ayuda, y su clamor subió hasta Dios, quien oyó sus gemidos y se acordó del pacto que había hecho con Abraham, Isaac y Jacob. Miró desde lo alto a los hijos de Israel y supo que ya había llegado el momento de actuar (Éxodo 2:23-25).

Éxodo 3 comienza: "Cierto día Moisés se encontraba apacentando el rebaño de su suegro, Jetro, quien era sacerdote de Madián. Llevó el rebaño al corazón del desierto y llegó al Sinaí, el monte de Dios".

En el idioma original de la Biblia, no hay división de capítulos. Cuando los israelitas clamaron a Dios y Dios los oyó, Dios se apareció a Moisés en una zarza ardiente sobre su monte. Mientras Dios trabajaba con Israel, también trabajaba con Moisés para llevar de vuelta a un hombre quebrado a una nación quebrada a fin de lograr un éxodo maravilloso hacia la libertad. Dios siempre conecta una cosa con la otra.

Después de su desvío de cuarenta años a causa de su desacierto,

Moisés estuvo en la presencia de Dios. Respondió a la persona de Dios. Conoció el plan de Dios. Y al poco tiempo experimentaría el poder de Dios, porque cuando Dios se manifestara en Egipto, haría una demostración de poder que Moisés nunca había conocido en el desierto. Pero incluso lo que Moisés había aprendido sería usado en su llamado a guiar al pueblo de Dios hacia la libertad, porque Dios nunca malgasta nada.

Así como no fue demasiado tarde para que Dios llamara a Moisés, tampoco es demasiado tarde para que Dios redima su situación y le use a usted de una manera que no puede imaginar en este momento. Nunca se conforme con estar en el desierto, aunque esté allí por haber cometido un error o pecado.

Dios tiene el récord de las recuperaciones más exitosas de todos los tiempos, pero usted debe posicionarse en la presencia de Dios para ver lo maravilloso que Él hará. Debe dar la vuelta y mirar en su dirección para que Él lo llame por nombre y vuelva a comisionarlo para su servicio.

Y cuando Él lo haga, usted tendrá un testimonio, como solíamos decir en la iglesia de antaño. Igual que Moisés, tendrá un testimonio de lo que Dios puede hacer cuando parece que no hay nada que pueda hacerse para redimir su situación.

CAPÍTULO DOS

Rahab era una prostituta

ahab era una ramera. Y no era una ramera encubierta. De hecho, todos los que conocían a Rahab también sabían a qué se dedicaba. Ni la Biblia anda con rodeos cuando habla de "una prostituta llamada Rahab" (Josué 2:1).

Rahab vendía su cuerpo por dinero. No puedo ser más claro. Ella permitía que los hombres tuvieran dominio total sobre su cuerpo a cambio de un poco del vil metal.

Después de ganarse la vida de esta manera por mucho tiempo, cualquiera dejaría de soñar sobre su futuro. Con una reputación como esa, cualquiera perdería la esperanza de encontrar al hombre indicado para casarse. Con un trabajo de día y noche como ese, cualquier mujer pensaría que no es posible que el Dios único y verdadero, cuya presencia es inaccesiblemente santa, tuviera la más mínima intención de acercarse a ella.

Rahab era una ramera: una trabajadora de la profesión más antigua del mundo, una profesión conocida con diferentes apelativos conforme a quién esté hablando de la misma. Algunas personas llamarían prostituta a Rahab. Otras la llamarían mujer de la calle. Algunos le dirían mujer ligera de cascos o, tal vez, una acompañante. Una mujer de la noche, buscona o incluso mujer promiscua. Cualquiera que sea el apelativo, todos significan lo mismo: la profesión de Rahab era atender a los hombres con favores sexuales.

Un día, un hombre le preguntó a una mujer si se vendería por un millón de dólares para pasar una noche con ella. Ella le dijo que lo tendría que pensar. Entonces él le cambió la pregunta.

—¿Te venderías por cinco dólares? —le preguntó.

—¿Cinco dólares? —respondió ella—. ¿Qué crees que soy?

—Ya hemos determinado qué eres —respondió él—. Ahora solo intentamos determinar el precio.

Como puede ver, muchos de nosotros diferenciamos lo que hacía Rahab con lo que muchos de nosotros hacemos: hombres o mujeres. Si un hombre invita a una mujer a cenar y luego le "cobra" por la comida, y ella ofrece pagarle con gratificación sexual, es lo mismo solo que con diferentes términos de acuerdo. Si una mujer se entrega a un hombre con el que no está casada a fin de sentirse segura o llamar su atención, porque no quiere estar sola, es lo mismo solo que con diferentes métodos de pago. Si un hombre trata de conquistar a una mujer o a varias mujeres mediante sexo ilícito para sentirse más poderoso o en control, es lo mismo.

El sexo fuera del matrimonio es un trueque, independientemente de cómo usted lo vea. Sin el compromiso del pacto matrimonial, se está haciendo un trueque. Es un comercio. De hecho, a veces, el sexo también podría ser un trueque dentro de un matrimonio que no funciona sobre la base del respeto mutuo y el amor de pacto.

Cuando eliminamos la apariencia de lo que muchas personas han hecho o están haciendo y lo vemos por lo que es, nos damos cuenta de que no es diferente a la ocupación de Rahab. Las condiciones, frecuencia y etiquetas pueden ser diferentes, pero eso es todo.

Sin embargo, como vimos con Moisés, y como veremos con la ramera Rahab, nunca es demasiado tarde, y el pozo nunca es demasiado profundo para que Dios nos restaure, nos redima y cambie por completo nuestra terrible situación.

Dos espías y una mujer de la calle

El nombre de Rahab comienza con la palabra *Ra*, que también era el nombre de un falso dios egipcio que representaba al sol o los poderes creativos. Como cananea, Rahab obviamente fue criada en medio de un entorno pagano rodeada de las fortalezas culturales de su época. Esas y otras influencias la llevaron a adoptar un estilo de vida de deshonra. La Biblia dice que había instalado su centro de operaciones en un lugar de fácil acceso. "Dado que la casa de Rahab estaba construida en la muralla de la ciudad, ella los hizo bajar por una cuerda desde la ventana" (Josué 2:15). Rahab había acatado las primeras tres reglas inmobiliarias: ubicación, ubicación y ubicación. Los viajeros que estaban de paso o los ciudadanos que salían podían encontrar fácilmente la casa de Rahab. Esta podría ser una de las dos razones por las que los dos espías que Josué había enviado a examinar la tierra eligieron la casa de Rahab. Las sospechas de la razón por la que los dos israelitas estaban en la ciudad serían definitivamente menores si los vieran en un lugar como el de Rahab.

Dado que los espías querían ser lo más discretos posible, buscaron un lugar al cual los extranjeros irían regularmente: un burdel local. Sin embargo, alguien los vio entrar a la casa de Rahab e informó al rey. El rey envió emisarios que los desalojaran. Todos sabemos que si el rey da la orden de entregar a una persona y nos negamos, la pena es la muerte. Aquello no era una sugerencia. Rahab ahora se enfrentaba a una seria decisión: ¿Entregaría a los espías al rey o los escondería y arriesgaría su propia vida?

Rahab decidió no revelar la presencia de los hombres. Aunque su vida estaba en peligro, escondió a los hombres sobre su tejado mientras les decía a los emisarios que se acababan de escapar. "Si se apresuran, probablemente los alcancen", dijo Rahab, a la vez que les señalaba una dirección cualquiera por donde simulaba que se habían escapado. Rahab decidió arriesgar su vida a fin de proteger la vida de ellos. Como veremos más adelante, Rahab hizo eso porque había escuchado sobre el Dios al que estos hombres servían, y tuvo temor de Él.

Después de que los hombres del rey se marcharan de la casa de Rahab, ella fue al tejado, donde había escondido a los dos espías de Israel. Leemos lo que ella dijo en Josué 2:9-11.

> Sé que el Señor les ha dado esta tierra. Todos tenemos miedo de ustedes. Cada habitante de esta tierra vive aterrorizado. Pues hemos oído cómo el Señor les abrió un camino en seco para que atravesaran el mar Rojo cuando salieron de Egipto. Y sabemos lo que les hicieron a Sehón y a Og, los dos reyes amorreos al oriente del río Jordán, cuyos pueblos ustedes destruyeron por completo. ¡No es extraño que nuestro corazón esté lleno de temor! A nadie le queda valor para pelear después de oír semejantes cosas. Pues el Señor su Dios es el Dios supremo arriba, en los cielos, y abajo, en la tierra.

Básicamente, Rahab les dijo: "Sabemos todo sobre ustedes. De hecho, hace cuarenta años que sabemos de ustedes. Desde que Dios abrió el mar Rojo hace cuarenta años, tenemos miedo de ustedes. Tenemos miedo de su Dios y su reputación. Así que por eso los escondo; porque su Dios es el Dios de los cielos y la tierra".

La fe de Rahab controlaba su función. Ella tomó la decisión de esconder a los dos hombres israelitas en vez de agradar al rey. Decidió identificarse con las personas que pertenecían al pueblo de Dios, porque temía a Dios más que a los hombres.

Leemos en Hebreos 11:31 que la decisión de Rahab de recibir a los espías fue un acto de fe: "Fue *por la fe* que Rahab, la prostituta, no fue destruida junto con los habitantes de su ciudad que se negaron a obedecer a Dios. Pues ella había recibido en paz a los espías". Evidentemente, Rahab tomó esa decisión por fe en lo que creía que era verdad. Es importante reconocer que la fe es más que un sentimiento. La fe es una función. Así como la maniobra riesgosa de Rahab de esconder a los espías revelaba su fe, debemos considerar nuestras acciones para saber que tenemos fe. No consideremos nuestros sentimientos, porque nuestros sentimientos fluctuarán. Una persona puede ser un hombre o una mujer de fe sin ni siquiera sentir fe. La fe tiene que ver con lo que hacemos. Lo que hacemos, no lo que sentimos, muestra si en realidad tenemos fe. Puede que Rahab tuviera emociones muy fuertes. Las Escrituras no lo dicen, pero es posible que estuviera aterrada cuando aparecieron los emisarios. Rahab sabía las consecuencias de esconder a los extranjeros cuando el rey había pedido entregarlos. Me imagino que el corazón de Rahab latía fuerte cuando fue a abrir la puerta. Es probable que de repente se le secara la boca y sus ojos se abrieran de par en par.

Pese a su mayor esfuerzo por parecer tranquila y normal, es probable que le costara pronunciar las palabras tratando de que en todo ese tiempo los oficiales del rey no notaran sus manos temblorosas cuando les indicaba la dirección hacia donde ella los quería enviar.

La Biblia no lo dice, así que hasta que lleguemos al cielo, nunca sabremos qué sintió Rahab ese día. Pero sabemos lo que hizo. Rahab procedió a actuar. Actuó en fe. Rahab tomó la decisión de hacer que sus acciones reflejasen lo que creía que era verdad. Las acciones de Rahab eran intencionales. Y por ese motivo, ella hizo una petición. Leemos acerca de su petición en Josué 2:12-13.

> Ahora júrenme por el Señor que serán bondadosos conmigo y con mi familia, ya que les di mi ayuda. Denme una garantía de que, cuando Jericó sea conquistada, salvarán mi vida y también la de mi padre y mi madre, mis hermanos y hermanas y sus familias.

En otras palabras, Rahab dijo: "Sé que nos van a masacrar, así que quiero hacer un pacto con su Dios ahora mismo. Cuando vengan y destruyan este lugar, necesito saber que me van a proteger como yo los protegí a ustedes". Rahab hizo un trato con el pueblo de Dios. Les pidió que fueran buenos.

Dos cosas llaman la atención aquí. En primer lugar, Rahab usó la palabra *también*. Les recordó a los espías que ella había salvado sus vidas y había sido buena con ellos. Como respuesta, les pidió que ellos también fueran buenos con ella y su familia. Hizo énfasis en que se trataba de un trato bilateral, recíproco. La profesión de Rahab le había enseñado a hacer tratos bilaterales.

En segundo lugar, cabe señalar la palabra que Rahab decidió usar, que la Biblia en español ha traducido como "bondadoso". Sin embargo, la palabra hebrea no significa simplemente "ser bueno" o "amable". Rahab no estaba pidiendo que los israelitas fueran gentiles cuando tendieran la emboscada a su ciudad. En cambio, Rahab decidió usar la palabra hebrea *chesed*. *Chesed* significa "bondad", pero también significa "lealtad" y "fidelidad". Esta palabra se usa más de 200 veces en el Antiguo Testamento, para referirse específicamente a la actitud correcta a la hora de hacer un trato. *Chesed* se usa mucho más que otra palabra en la Biblia para reflejar los términos de un pacto entre dos partes. Casi siempre, define la protección del pacto de Dios a pesar de la infidelidad de Israel. Cuando una persona tiene el *chesed* de Dios, cuenta con el respaldo de un pacto.

Rahab dijo que quería un pacto, un amor leal. Quería una bondad que fuera más allá de la emoción o incluso la obligación; una que ofreciera una protección de lealtad. Quería un acuerdo con el que pudiera contar. Y lo quería debido a la acción que ella había hecho por fe.

Una lección de fe de una ramera

Resulta interesante que una de las grandes lecciones de fe de la Biblia provenga de una ramera. De hecho, no suelo sacar a colación el hecho de que Rahab fuera una ramera. Solo estoy siguiendo las Escrituras. Casi cada vez que se menciona a Rahab en la Biblia, se dice que era una ramera. Incluso unos mil quinientos años después, en el Nuevo Testamento, Santiago hace referencia a su ocupación y habla de ella como un ejemplo de verdadera fe. Esta hermana parece no tener respiro.

Sin embargo, con el título de ramera, lo que Santiago dice de ella es importante para todos los que queremos que Dios nos use, porque demuestra la relación poderosa que hay entre la fe y la función.

> Amados hermanos, ¿de qué le sirve a uno decir que tiene fe si no lo demuestra con sus acciones? ¿Puede esa clase de fe salvar a alguien? Supónganse que ven a un hermano o una hermana que no tiene qué comer ni con qué vestirse y uno de ustedes le dice: "Adiós, que tengas un buen día; abrígate mucho y aliméntate bien", pero no le da ni alimento ni ropa. ¿Para qué le sirve?
>
> Como pueden ver, la fe por sí sola no es suficiente. A menos que produzca buenas acciones, está muerta y es inútil. (Santiago 2:14-17)

Tenga presente que Santiago no está hablando de la fe necesaria para ir al cielo. Santiago les está hablando a los creyentes que van al cielo. En este pasaje, se dirige a ellos directamente como "amados hermanos". No solo eso, sino que Santiago comienza esta carta dirigiéndose "a las 'doce tribus': los creyentes judíos que están dispersos por el mundo", lo cual indica que se dirige a una audiencia judía. Además, en los capítulos 2 y 5, Santiago les habla directamente como seguidores de Cristo:

> Mis amados hermanos, ¿cómo pueden afirmar que tienen fe en nuestro glorioso Señor Jesucristo si favorecen más a algunas personas que a otras? (Santiago 2:1).

> Amados hermanos, tengan paciencia mientras esperan el regreso del Señor. Piensen en los agricultores, que con paciencia esperan las lluvias en el otoño y la primavera. Con ansias esperan a que maduren los preciosos cultivos. Ustedes también deben ser pacientes. Anímense, porque la venida del Señor está cerca. (Santiago 5:7-8)

Cuando Santiago escribe sobre la fe en el pasaje que vimos en el capítulo 2, está hablando de otra clase de salvación. Sus oyentes ya son salvos por la eternidad. Santiago está escribiendo sobre el poder salvador de Dios *en la tierra*. Según la concordancia Strong, la palabra griega que Santiago usa es *sozo*, que literalmente significa "hacer bien, sanar, restaurar". Santiago se refiere específicamente al poder restaurador de Dios en la historia, no a su poder salvador para la eternidad. La salvación para la eternidad viene solo por la fe únicamente en Cristo. Esta clase de fe es la que necesitamos para ir al cielo. Pero muchos de nosotros conocemos personas que van al cielo, pero que no viven bien aquí en la tierra. Tal vez usted conozca personas que irán a la gloria, pero que nunca han visto qué sucede cuando la gloria viene a la tierra. Estas personas nunca tienen un testimonio de cómo Dios intervino en una situación y la transformó sobrenaturalmente con su poder salvador. Entonces esperan con ansias el cielo, solo porque no pueden soportar la vida en la tierra.

Tal vez usted no solo *conozca* individuos como esos, sino que en realidad es usted uno de ellos. Usted sabe que Dios le ha prometido una vida abundante, pero cada día parece vacío y sin sentido; como si viviera sin ninguna convicción. Escucha cómo Dios se manifestó en la vida de un amigo o de alguien de su iglesia, y lee acerca de Dios en la Biblia, pero nunca lo ha experimentado por sí mismo. O si lo ha experimentado, fue hace tanto tiempo que ya ni lo puede recordar.

Santiago nos dice que una razón por la que no vemos a Dios invadir nuestra vida común y corriente con algo extraordinario es porque no vivimos con fe. No damos pasos de fe, como hizo Rahab, para mostrar con nuestras decisiones que estamos poniendo nuestra confianza solo en Dios. No realizamos acciones que respalden lo que decimos que creemos. Cuando vivimos una vida de fe, Santiago nos dice lo que sucede.

Así se cumplió la Escritura que dice: "Le creyó Abraham a Dios, y esto se le tomó en cuenta como justicia", y fue llamado amigo de Dios. Como pueden ver, a una persona se le declara justa por las obras, y no sólo por la fe.

De igual manera, ¿no fue declarada justa por las obras aun la prostituta Rahab, cuando hospedó a los espías y les ayudó a huir por otro camino? (Santiago 2:23-25, NVI).

Primero, Santiago nos dice que la fe de Abraham le fue contada por justicia y lo convirtió en amigo de Dios. Ser amigos de Dios es lo mejor que nos podría pasar. Cuando Rahab puso su confianza en Dios por medio de sus acciones, recibió el *chesed* (amor de pacto) que un amigo leal le daría. Dios es un Dios de amor, y Dios ama a todos, pero en ningún lugar vemos que Dios es *amigo* de todos. De hecho, Jesús hace una clara distinción cuando habla con sus discípulos.

Ustedes son mis amigos *si* hacen lo que yo les mando. Ya no los llamo esclavos, porque el amo no confía sus asuntos a los esclavos. Ustedes ahora son mis amigos, porque les he contado todo lo que el Padre me dijo (Juan 15:14-15).

Jesús dijo que si hacemos lo que Él nos manda, no solo es nuestro Maestro, Señor y Salvador, sino también nuestro amigo. Y como un amigo, hace lo que hacen los amigos: nos susurra sus secretos. Nos dice lo que Dios le dice. No puedo imaginar una amistad mayor que con el Dios del universo, quien conoce el final desde el principio, lo de afuera desde adentro, lo de arriba desde abajo… y que está dispuesto a dejarnos ser parte de todo ello. Esta es una amistad salvadora, una amistad restauradora. Esta clase de amistad puede traer sanidad, paz, protección y propósito. Pero esta clase de amistad viene por medio de la fe: acciones que demuestren obediencia a los mandatos de Cristo. Si Dios hubiera escrito el exitoso libro de Gary Chapman, *Los cinco lenguajes del amor*, podría haber agregado un sexto. El lenguaje del amor de Dios es la fe.

Santiago nos dice que cuando Rahab recibió a los espías en su casa y los escondió sobre el tejado para dejarlos ir a salvo después de que

los emisarios del rey se marcharan, esta obra hecha en fe la salvó. La
libró de una situación insalvable. No solo eso, sino que la fe de Rahab
salvó también a su familia. Santiago nos dice que la fe de Rahab lo logró e hizo que una
ramera llegara a ser santa. Su fe hizo que una prostituta llegara a ser
justa. La colocó en el mismo capítulo con el patriarca Abraham, en
el "salón de la fe" de las Escrituras de Hebreos 11. Fue amiga de Dios,
protegida por el *chesed*: el amor leal manifestado en la tierra. La fe de
Rahab la salvó no solo para la eternidad, sino también en la historia.

Una de las razones por las que muchos de nosotros no estamos
viendo a Dios manifestarse en nuestra vida diaria es porque Dios no
ha visto nuestra fe. No ha visto que nuestras acciones demuestren que
realmente creemos lo que decimos o sentimos sobre Él. La única con-
firmación de la fe en nuestra vida es que nuestras acciones respalden
lo que creemos.

Quiero ser cuidadoso de repetir que no estoy hablando de la fe
necesaria para que un creyente vaya al cielo. Estoy hablando de la fe
necesaria para experimentar el cielo en la tierra, en nuestro trabajo,
en nuestras relaciones, en nuestra profesión, en nuestra salud y en
todo lugar donde necesitemos el testimonio sobrenatural del poder de
Dios. Esa clase de amistad con Dios requiere una fe que se demues-
tre en nuestras acciones.

Demasiados cristianos tendrán un choque cultural cuando lle-
guen al cielo, porque nunca experimentaron el poder y la presencia
de Dios en la tierra. Pero no Rahab. Ella vio el poder eterno de Dios
entrar a su situación temporal, al salvar su vida y la vida de su familia de una muerte segura. Esto se debe a que Rahab tuvo lo que a mí
me gustar llamar una vida de fe y no tan solo palabras de fe. Y la vida
de fe de Rahab la rescató cuando los israelitas rodearon los muros de
Jericó. En Josué 6, leemos sobre esto en los versículos 17 y 25.

Jericó y todo lo que hay en la ciudad deben ser destruidos por completo como una ofrenda al Señor. Sólo se
les perdonará la vida a Rahab, la prostituta, y a los que

se encuentren en su casa, porque ella protegió a nuestros espías.

Así que Josué le perdonó la vida a la prostituta Rahab y a los parientes que estaban en su casa, porque ella escondió a los espías que él había enviado a Jericó. Y Rahab vive con los israelitas hasta el día de hoy.

Cuando Josué ordenó a los israelitas que marcharan alrededor de Jericó según las instrucciones del Señor, se aseguró de que supieran que debían salvar a Rahab y a todos los de su casa. Este *chesed* cubría y protegía no solo a Rahab, sino también a todos los que estuvieran en su casa. Y no es solo un concepto del que leemos en el Antiguo Testamento; también aparece en el Nuevo Testamento. El apóstol Pablo escribe a los creyentes sobre la santificación, o el poder salvador en la historia, que el creyente tiene con los incrédulos de su casa. "Pues la esposa cristiana da santidad a su matrimonio, y el esposo cristiano da santidad al suyo. De otro modo, sus hijos no serían santos, pero ahora son santos" (1 Corintios 7:14).

En este pasaje, ser santificado no significa ser salvo del infierno al morir. La palabra griega *hagiazo* significa ser "dedicado", "purificado" y "apartado". Dios ha dispuesto la cobertura de su pacto de tal modo que, con el solo hecho de estar en la misma familia con uno de los suyos, comparta sus beneficios. Para la familia de Rahab, eso significó salvar sus vidas cuando toda la comunidad fue aniquilada.

Observe cómo se salvaron Rahab y su familia. A menudo pasamos por alto una lección importante de este texto cuando estudiamos el pasaje sobre la batalla de Jericó. Todos sabemos cómo Israel derrotó a Jericó. Los israelitas marcharon alrededor de los muros externos de la ciudad una vez por día durante seis días. Al séptimo día marcharon alrededor del muro siete veces, hicieron sonar sus trompetas y gritaron. Y como dice el cántico: "los muros caen". Pero de hecho, no solo se cayeron. Josué 6:20 dice que "los muros de Jericó se derrumbaron". Se desplomaron. La zona cero de Jericó era una zona de desastre.

Excepto por un lugar.

¿Recuerda lo que observamos cuando comenzamos a ver la vida de Rahab? Rahab había acatado las primeras tres reglas del mercado inmobiliario: ubicación, ubicación y ubicación. Había escogido un lugar justo sobre el muro de Jericó. Sin embargo, aunque la casa de Rahab estaba construida en el muro, como vimos anteriormente, y aunque los muros de Jericó se derrumbaron, la casa de Rahab permaneció intacta. Aunque todo lo que estaba a su alrededor se desmoronó, Rahab y su familia fueron salvos. Sabemos esto porque Josué 2:18-19 nos dice específicamente que los espías le pidieron que llevara a su familia a su casa. Y en Josué 6:17 leemos que Rahab y todos los que estaban con ella en su casa fueron salvos.

La gente murió de dos maneras ese día en Jericó. Algunos murieron como resultado del derrumbe de los muros. Otros murieron como resultado del ataque del ejército israelita. Los espías habían advertido a Rahab: "Si salen a la calle y los matan, no será nuestra culpa; pero si alguien les pone la mano encima a los que estén dentro de esta casa, nos haremos responsables de su muerte" (Josué 2:19). Pero ninguno de los soldados podía determinar cómo iba a caer el muro o si alguna parte permanecería intacta. Lo único que podían hacer era marchar alrededor del muro. En ninguna parte dice el texto que cuando ellos llegaron a la parte del muro donde vivía Rahab, el ejército dejó de marchar y empezó a andar de puntillas. Dios les explicó a los israelitas su plan de batalla, ellos lo siguieron y Dios tiró el muro abajo, mientras guardó por completo la vida de Rahab y de todos los que estaban en su casa.

Podemos confiar en que Dios hará lo mismo hoy. Aunque las cosas se estén derrumbando a nuestro alrededor, cuando amamos a Dios en su lenguaje de amor de la fe, el cuidado del pacto de Dios puede rescatar nuestra vida.

Sin embargo, para que Rahab fuera testigo del milagro en el muro, debía ir en contra de su cultura. Debía ir en contra de la multitud. Cuando todos respaldaban la filosofía de Jericó, Rahab se diferenció por esconder a los espías.

Es evidente que los ciudadanos de Jericó habían escuchado hablar de los israelitas. Rahab les dijo a los espías que su reputación había producido temor en todos los que habían escuchado hablar de ellos. Es solo que nadie tuvo la fe de actuar sobre la base de lo que temían. Sabían que el Dios de los israelitas había dividido el mar Rojo, pero ellos tenían un muro. Sabían que el Dios de los israelitas había enviado plagas sobre los egipcios, pero ellos tenían un muro. Sabían que el Dios de los israelitas había hecho fluir agua de una roca, pero ellos tenían un muro. Seguramente, Dios no podía hacerle nada a su muro. "No creemos que suceda", suponían. Estaban a salvo mientras se mantuvieran lejos de los israelitas y dentro de la seguridad de sus muros.

Pero Rahab sabía otras cosas. Ella sabía que el muro no era gran cosa para un Dios que había convertido un mar en tierra seca. Sabía que la única manera en que ella y los miembros de su casa siguieran con vida era cambiar de bando, rápidamente. Lo hermoso de asociarse con el reino de Dios y sus propósitos es que cuando todo a nuestro alrededor se derrumba, Dios puede seguir cuidando de nosotros. Hebreos 12:28 se refiere a esto como ser parte de un reino inconmovible.

Hace poco sucedió una historia como esta en nuestra iglesia. Dallas, como cualquier otra ciudad de la nación, fue gravemente afectada por la depresión económica que comenzó hacia fines de 2008. Compañías cerraron. Muchos perdieron sus empleos. Se ejecutaron hipotecas sobre las casas. Cuando el Distrito Escolar de Dallas (DISD, por sus siglas en inglés) anunció su recorte más grande en la historia —más de mil cien puestos de trabajo—, convoqué a un tiempo especial de oración al comienzo de nuestros dos servicios de adoración dominical. Quería que la iglesia orara específicamente por aquellos que podían estar siendo afectados por los recortes. Más de ocho mil personas asisten generalmente a nuestros servicios de adoración los domingos en la mañana, y una gran cantidad de nuestros miembros trabajan para el DISD.

Sin embargo, sucedió algo extraordinario cuando les pedí a aquellos que habían perdido su empleo con el DISD, o que estaban en peligro de perderlo, que se pusieran de pie. En nuestro primer servicio, nadie se puso de pie inmediatamente. Esperé. Volví a hacer el pedido, y me aseguré de que todos me hubieran escuchado correctamente. Pero nadie se puso de pie. De modo que oré por aquellos que si bien no eran miembros de nuestra iglesia, estaban siendo afectados por los recortes.

Cuando comenzó el segundo servicio, hice lo mismo. Hice el mismo pedido: que se pusieran de pie las personas que habían perdido su empleo o que estaban en peligro de perderlo por el recorte más grande en la historia del DISD. Otra vez, nadie se puso de pie. Todos permanecieron sentados. Ni una sola persona se puso de pie. Cuando le dije a la congregación que tampoco se había levantado nadie en el primer servicio, el salón irrumpió en aplausos debido a que acabábamos de ser testigos en nuestros días de un momento como el de los muros de Jericó.

No, perder un empleo no es igual a perder una vida, como hubiera sucedido en Jericó el día de la batalla. Pero necesitábamos la misma protección de Dios cuando los empleos en Dallas se venían abajo como el derrumbe de una muralla. Amigo, si apoyamos el plan del reino de Dios y sus propósitos, Él puede protegernos dondequiera que estemos. Puede cuidar de nuestra casa en un vecindario peligroso. Puede cuidar de nuestros hijos en una mala escuela. Puede cuidar de nuestro matrimonio en una cultura que ha redefinido el matrimonio y trata de convencernos de que aceptemos su nueva definición. Él puede hacer eso, porque Dios protege a sus amigos. Él guarda nuestras espaldas, aunque estemos contra la pared.

Su pasado no determina su futuro

Pero este libro no trata sobre la protección de Dios, aunque es importante; sino sobre cómo Dios restauró la vida de personas cuyas decisiones parecían haberlas descalificado. No habla de cómo estar a salvo en la ciudad de Jericó, sino de cómo Dios recompensa la fe a pesar de quiénes somos. Este es exactamente el motivo por el cual incluí a Rahab en nuestro estudio: como un ejemplo de alguien que, antes de que los muros cayeran, probablemente pensaba que ya se le había pasado el tiempo de que Dios la usara.

Rahab era una prostituta. Ya hemos leído eso antes. Pero por lo visto, Dios quiere que recordemos su ocupación, porque la Biblia no describe a muchos con su título. No leemos "Moisés, el asesino" cuando los escritores del Nuevo Testamento hablan sobre la fe. No leemos "Abraham, el mentiroso". No leemos "Noé, el borracho". Pero leemos "Rahab, la prostituta" una y otra vez. Hebreos 11:31 y Santiago 2:25 se refieren específicamente a "Rahab, la prostituta". Entonces, ¿por qué Dios repite todo el tiempo el título de Rahab en vez de dejar tranquila a esta hermana? La respuesta es que Dios quiere que sepamos a través de su ejemplo que nuestro pasado no tiene que determinar nuestro futuro.

A pesar de cuán miserable, torcido o truncado pudiera ser su pasado, no es la suma total de su futuro. No conozco su pasado o cuán malo es. No sé cuántos hombres o cuántas mujeres estuvieron allí. No sé si usted fue una mujer descarada o un hombre mujeriego. Lo único que sé es que la mujer descrita en Josué 2 es la misma mujer que se menciona en Hebreos 11. La mujer que está en Josué 6 también está en Santiago 2. En el Antiguo Testamento, se la presenta como una ramera, pero en el Nuevo Testamento es un ejemplo de rectitud, piedad, fortaleza y victoria, porque Dios puede transformar un desastre en un milagro.

No hay nada más desastroso que vender el cuerpo a un hombre tras otro, a un desconocido tras otro, cada día, semana, mes o año. No hay peor desastre que ese en la vida. Pero esta ramera desastrosa está en el "Salón de la fe", junto a Moisés, Abraham y Sara. El nombre de Rahab está junto al de Noé, Enoc y Abel. El Dios del universo la colocará para siempre en un lugar de honor aunque no haya tenido un trasfondo ni una educación religiosa o un marido espiritualmente consagrado; sino una profesión vergonzosa. A pesar de todo eso, cuando Rahab unió sus propósitos a los propósitos de Dios por la fe, todo se revirtió. Lo que es más, no solo se revirtió por escrito para quedar registrado en la historia. Se revirtió en su vida diaria. No solo el nombre de Rahab se menciona en la Biblia como un gran ejemplo de fe; sino que Rahab recuperó su vida.

La Biblia es profunda y compleja. De modo que gran parte de ella está entrelazada, y si usted no la lee toda, podría perderse algo. Rahab aparece no solo en Santiago y Hebreos, sino también en Mateo. Sabemos que después de que los muros de Jericó cayeran y Rahab fuese rescatada, se casó y dio a luz a un niño que terminaría siendo parte del linaje de nuestro Salvador. Mateo 1:5-6 dice: "Salmón fue el padre de Booz (su madre fue Rahab). Booz fue el padre de Obed (su madre fue Rut). Obed fue el padre de Isaí. Isaí fue el padre del rey David". Rahab llegó a ser la tatarabuela del rey más respetado de Israel —el rey David— y a vincularse para siempre al linaje del Rey de Reyes, Jesucristo.

Cuando Rahab se marchó de Jericó, dejó su profesión atrás. En vez de vivir de manera clandestina, comenzó a vivir con el pueblo de Dios. En consecuencia, Dios le dio una familia. Tal vez, Salmón fue intrigado por su fe, o tal vez fue impresionado por su habilidad de aventajar a los emisarios en Jericó. La tradición judía sugiere que Rahab era una adepta de gran coraje y que Salmón pudo haber sido uno de los dos espías que ella escondió en el tejado. Sea lo que sea que atrajo de Rahab a Salmón, se nos dice que él se casó con una exmujer de la calle e hizo de ella una señora.

Rahab la prostituta consiguió un esposo; un esposo con un trabajo. De hecho, en 1 Crónicas 2:51 (NVI) leemos que Salmón [o Salma] fue el "padre de Belén". La palabra para *padre* en pasajes como estos generalmente se refiere a gobernante o capitán. Dado su posicionamiento entre versículos similares relacionados a nombres de lugares conocidos más que de personas, se entiende que "Belén" es un lugar en este pasaje, no una persona. De modo que Rahab no terminó casada con un ciudadano cualquiera de la tribu de Judá. Dios unió a Rahab con un jerarca de la ciudad, que un día sería el lugar del nacimiento del Mesías.

No solo eso, sino como hemos visto, luego Dios le dio un hijo a

Rahab, Booz, quien tendría un hijo de Rut llamado Obed, quien tendría un hijo llamado Isaí, quien tendría un hijo llamado David. Y el linaje de David se extendería a través del esposo de María, José, lo cual le daría a Jesucristo el derecho legal a ser el Rey de los judíos. José no fue el padre biológico de Jesús, pero su linaje le dio a Jesús el derecho legal al trono de David. Y en el libro de Lucas, se nos dice que María también fue descendiente del Rey David y a través de ella también Jesús recibió su derecho biológico al trono de David, lo cual lo calificaba doblemente como el Rey de los judíos, según declara la Palabra de Dios.

¿Qué me dice de este cambio? ¿Qué me dice de esta persona aparentemente sin esperanza en una tierra sin esperanza en una situación desesperante cuya fe es honrada con una esperanza que se extiende a todos? No me diga que Dios no puede cambiar su situación. Si pudo hacerlo en la vida de Rahab, puede hacerlo en la vida de cualquiera.

No conozco su pasado, pero dudo que sea mucho peor que el de Rahab. Y aunque lo sea, no es demasiado difícil para que Dios lo redima si usted une las decisiones de su vida con los propósitos del reino de Dios. Si hace eso, Dios puede rescatarle de su crítica condición y colocarle en el lugar indicado para hacer los contactos necesarios para su futuro. Confíe en Él de la manera que lo hizo Rahab. Tenga temor de Él igual que Rahab. Hágale saber que usted confía en Él y le teme mediante sus acciones, como lo hizo Rahab. Recuerde que el lenguaje del amor de Dios es la fe. Él anhela llamarle amigo, pero primero quiere saber que usted confía en Él.

La cuerda escarlata

Rahab confió en Dios y demostró su fe mediante sus acciones. En Josué 2:17-18, 20-21 leemos lo que Rahab debía hacer como señal de su fe.

Antes de partir, los hombres le dijeron:

—Estaremos obligados por el juramento que te hemos hecho sólo si sigues las siguientes instrucciones:

cuando entremos en esta tierra, tú deberás dejar esta cuerda de color escarlata colgada de la ventana por donde nos hiciste bajar; y todos los miembros de tu familia —tu padre, tu madre, tus hermanos y todos tus parientes— deberán estar aquí, dentro de la casa... Sin embargo, si nos delatas, quedaremos totalmente libres de lo que nos ata a este juramento.

—Acepto las condiciones —respondió ella.

Entonces Rahab los despidió y dejó la cuerda escarlata colgando de la ventana.

Se trataba de una cuerda escarlata. Los hombres le aclararon a Rahab que cuando los soldados llegaran, no sabrían quién era ella o dónde vivía. Necesitarían una señal para poder identificarla y proteger su vida y la vida de su familia. Lo que eligieron fue una cuerda escarlata. El escarlata es un color similar al rojo, y la *cuerda* puede traducirse como *cinta*. Como en la canción de Tony Orlando y Dawn: *"Tie a Yellow Ribbon 'Round the Old Oak Tree"* [Ata una cinta amarilla al viejo roble], el propósito de la cinta era enviar un mensaje. La cinta amarilla anunciaba: "¡Esta es tu casa, y eres bienvenido aquí!". La cinta roja de Rahab enviaba un mensaje diferente: "Esta es la casa de la prostituta que ayudó a los espías, y no debe ser destruida".

¿Por qué es importante que la cuerda sea roja? Es probable que haya escuchado hablar de los distritos de luces rojas. En estos distritos, las luces rojas designan las casas de prostitución. En la cultura bíblica, los trabajadores del sexo no tenían luces rojas, pero tenían cintas rojas atadas a sus puertas, lo cual indicaba a los viajeros que esa era una casa de prostitución. La cinta roja, igual que la luz roja, identificaba el pecado que tenía lugar en esa casa.

Pero en el caso de Rahab, los espías le hicieron colgar una cuerda escarlata de su ventana. Esta es la misma ventana por la que habían escapado los espías. Cuando ella colgó una señal de su pecado, el reconocimiento de lo que ella era, en el lugar donde ella había decidido demostrar su fe, recibió la salvación.

Cuando los israelitas estaban en Egipto en la época de la Pascua, ocurrió algo parecido. Dios les indicó que pintaran los marcos de sus puertas con la sangre de un cordero, y cuando el ángel vio la sangre roja, pasó de largo por sus casas.

Amigo, cuando Jesucristo derramó su sangre por sus pecados y por mis pecados, ofreció su sangre como nuestra salvación. Cuando reconocemos y confesamos nuestros pecados, al mostrar nuestra fe en la sangre del Cordero, somos salvos de la ira y el juicio que justamente nos merecemos. Dios puede perdonar cada pecado. Ningún pecado es tan grande que la sangre de Cristo no pueda cubrir.

Gracias a Jesucristo y su sangre, Dios puede hacer por usted lo que hizo por Rahab y por Moisés. Si reconoce su necesidad de un Salvador y lo sigue como Señor, Él cambiará totalmente su situación o su vida aparentemente sin esperanza.

Con la cuerda escarlata, usted reconoce que ha arruinado su vida, pero confía en que la gracia de Dios lo restaurará. Reconoce que ha fallado, pero que si cree, Él puede redimir su falla. Aunque fuera una mala persona, Dios puede hacer de usted una mejor persona. Un pecador terrible puede un día ser un santo glorioso, porque cuando Dios se mueve y derrumba el mundo pecador que no responde a Él, Él ve la sangre de Jesucristo sobre usted, pasa de largo y le da la libertad que necesita, como lo hizo con Rahab. Como hemos visto con Rahab, a pesar de cuán malo sea su pasado, no tiene que determinar su futuro. Dios escribió un capítulo completamente nuevo para la vida de Rahab, y la incluyó en el Nuevo Testamento.

Como hizo con Rahab, Él puede hacerlo con usted. Dios puede darle un comienzo totalmente nuevo a su vida.

Tan solo ate su cinta alrededor del Calvario.

No estoy diciendo que debe ir a contarles a todos su vida. Pero sea sincero con Dios; sea real con Él y admita que necesita que Él le muestre una medida extra de gracia y misericordia. Dígale a Dios que necesita un nuevo comienzo. Tal vez lo hayan usado, molestado y hayan abusado de usted cuando lo único que estaba buscando era amor y aceptación. Hágale saber a Dios que ahora está buscando su amor y aceptación; un amor y aceptación que no solo le rescatará de su presente, sino que también le dará un futuro más prometedor.

Dios eligió a un asesino en Madián y lo usó para hacer libre a su pueblo. Eligió a una prostituta en Canaán y la usó en una de las victorias más grandes de todos los tiempos para los israelitas; a quien incluso incluyó en el linaje de Cristo. Dios no hace acepción de personas. Solo está esperando escuchar su lenguaje de amor de la fe.

CAPÍTULO TRES

Jacob era un mentiroso

Jacob era un mentiroso. Hacía trampas, se valía de astucias y engañaba para conseguir todo lo que quería y para ir donde quería ir. De hecho, el nombre Jacob significa, literalmente, "engañador", y verdaderamente le hacía honor a su nombre. Jacob manipulaba las cosas para que salieran como él quería. A menudo tramaba ardides para lograr sus objetivos. Uno de esos objetivos, como vemos en Génesis, era heredar la bendición familiar, la primogenitura que le pertenecía a su hermano mayor, Esaú.

Sin embargo, dado que no era el hermano mayor, Jacob recurrió a la confabulación y al engaño para que su padre le diera su bendición a él, y no a Esaú. Con la ayuda y el aliento de su madre Rebeca, Jacob se vistió como Esaú, imitó su forma de hablar, su comportamiento y su olor, y hasta se puso lana en sus manos y cuello para que cuando su padre lo tocara, lo sintiera como a Esaú.

Debido a la edad de Isaac, su percepción sensorial —especialmente su visión— había disminuido. Isaac no podía saber con certeza si el hijo que estaba frente a él para recibir la bendición familiar era Esaú, el hijo que debía recibirla. No veía tan bien como para distinguir quién estaba delante de él. Lo que le preocupaba era que la voz que escuchaba se parecía más a la de Jacob que a la de Esaú.

> Entonces Isaac le dijo a Jacob:
> —Acércate para que pueda tocarte y asegurarme de que de verdad eres Esaú.
> Entonces Jacob se acercó a su padre, e Isaac lo tocó.
> —La voz es la de Jacob, pero las manos son las de Esaú —dijo Isaac.
> Sin embargo, no reconoció a Jacob porque, cuando tocó las manos de Jacob, estaban velludas como las de Esaú. Así que Isaac se preparó para bendecir a Jacob.
> —¿De verdad eres mi hijo Esaú? —preguntó.
> —Sí, lo soy —contestó Jacob (Génesis 27:21-24).

El relato podría leerse: "'Sí, lo soy', *mintió* Jacob", porque no era Esaú el que estaba delante de Isaac. Era Jacob. Sin embargo, dado que Jacob mintió y engañó a su padre, Isaac lo bendijo porque pensó que en realidad era Esaú.

Esta no fue la única vez que Jacob manipuló las cosas a su antojo. Ya lo había hecho anteriormente con el mismo Esaú. Las Escrituras describen a Esaú como un hombre varonil. Era un cazador y, según Génesis 25:27 (NVI), "un hombre de campo". Jacob, por otro lado, era un hombre que "prefería quedarse en el campamento". Sin embargo, un día, cuando Esaú llegó a la casa después de haber estado en el campo, encontró a Jacob que cocinaba una comida. Jacob, al darse cuenta de que Esaú tenía hambre, tomó ventaja de esa situación.

> Cierto día, mientras Jacob preparaba un guiso, Esaú regresó del desierto, agotado y hambriento. Esaú le dijo a Jacob:
> —¡Me muero de hambre! ¡Dame un poco de ese guiso rojo! (Así es como Esaú obtuvo su otro nombre, Edom, que significa "rojo").

—Muy bien —respondió Jacob—, pero dame a cambio tus derechos del hijo mayor.

—Mira, ¡me estoy muriendo de hambre! —dijo Esaú—. ¿De qué me sirven ahora los derechos del hijo mayor?

Pero Jacob dijo:

—Primero tienes que jurar que los derechos del hijo mayor me pertenecen a mí.

Así que Esaú hizo un juramento, mediante el cual vendía todos sus derechos del hijo mayor a su hermano Jacob. Entonces Jacob le dio a Esaú guiso de lentejas y algo de pan. Esaú comió, y luego se levantó y se fue. Así mostró desprecio por sus derechos del hijo mayor (Génesis 25:29-34).

Jacob no solo engañó a su padre Isaac para conseguir los derechos de hijo mayor de Esaú, sino que también manipuló a Esaú para que renunciara a sus derechos de hijo mayor. Jacob se aseguró de que no fallara ningún detalle en su ardid para conseguir aquello que no le correspondía por derecho. Por eso, la bendición que Jacob buscaba era más que solo un buen deseo de un padre a un hijo. La bendición implicaba autoridad, seguridad, prosperidad y poder. Podemos leer parte de la bendición en Génesis 27:28-29.

> Del rocío de los cielos
>   y la riqueza de la tierra,
>   que Dios te conceda siempre abundantes cosechas
>   de grano
>   y vino nuevo en cantidad.
> Que muchas naciones sean tus servidoras
>   y se inclinen ante ti.
> Que seas el amo de tus hermanos,
>   y que los hijos de tu madre se inclinen ante ti.
> Todos los que te maldigan serán malditos,
>   y todos los que te bendigan serán bendecidos.

En otras palabras, la bendición significaba que Dios no solo cuidaría del presente de Jacob, sino que también le aseguraría su futuro. Dios iría delante de Jacob y allanaría su camino para que en cada paraje de su vida, todo estuviera dispuesto antes que él llegase allí. Cuando recibimos una bendición, Dios dispone las situaciones de nuestra vida para que cuando nos enfrentemos a ellas, todo esté preparado para nosotros y estemos preparados para afrontarlas. El problema era que Jacob recibió una bendición que su carácter no estaba preparado para recibir. Recuerde: Jacob era un engañador. Lo que él quería era bueno, pero todavía no era la clase de persona capaz de saber utilizar lo bueno cuando lo recibiera.

Muchos de nosotros estamos hoy en una situación similar. Deseamos las bendiciones de Dios. Queremos todo lo que Dios nos vaya a dar, y, sin embargo, no estamos preparados para saber utilizar todo lo que Dios tiene preparado para nosotros, si nos lo diera. Tal vez conozca a alguien así; o tal vez, de alguna manera, usted *sea* así.

Puede que los primeros años de su vida familiar hayan dejado una cicatriz indeleble en su alma, que afecte su manera de percibir la vida y de relacionarse con otros. O tal vez, por mucho tiempo se haya juntado con las personas indebidas, y las disfunciones de ellas se hayan convertido en las de usted. Podría ser que patrones de pensamientos equivocados hayan creado fortalezas en su mente, y hayan influenciado sus decisiones, sus acciones e incluso la manera en que usted se percibe. Usted quiere todo lo que Dios tiene preparado para su vida, pero las situaciones y las personas han hecho que sea difícil responder correctamente cuando Él trata de dárselo. Puede que dude, rezongue, se queje o tenga temor a ser agradecido, porque piensa que podría tener que hacer algo para ganárselo o conservarlo, y tiene miedo de perder rápidamente lo bueno que Dios tiene para usted.

Si esto le describe, quiero animarle a seguir en la senda que Dios tiene para usted, en la que Él procura formar su carácter; así como hizo con el de Jacob. Nosotros tenemos una bendición. Tenemos derecho a nuestra bendición. A diferencia de Jacob, no necesitamos engañar a nadie para conseguirla. Ya tenemos garantizada nuestra bendición. De hecho, tenemos cada una de las bendiciones que necesitamos en la vida. Como creyentes en Jesucristo, ya hemos heredado nuestras bendiciones a través del nuevo pacto. Pablo nos dice en Efesios 1:3 que Dios "nos ha bendecido con toda clase de bendiciones espirituales en los lugares celestiales, porque estamos unidos a Cristo". Sin embargo, es posible ser bendecidos y aún no estar experimentando nuestras bendiciones, porque Dios está esperando hasta que seamos capaces de utilizar bien la bendición que Él nos dé.

Dios bendijo a los israelitas cuando los libró de la opresión y el control ilegítimo de los egipcios, pero les llevó cuarenta años llegar hasta su bendición en Canaán. La razón por la que les llevó cuarenta años es que tuvieron que atravesar primero un proceso de formación en el desierto. Debían desechar la duda que, recién llegados, les había impedido entrar a la Tierra Prometida. En otras palabras, Dios no les permitiría experimentar la plenitud de su bendición hasta que su carácter fuera capaz de recibirla y utilizarla de la manera debida.

Dios interactúa con nosotros de la misma manera. A menudo esto significa que Dios permite que las pruebas de nuestra vida nos preparen para lo que Él ha dispuesto para nosotros.

Las pruebas duelen. Nos ensanchan, nos doblegan, nos cambian y nos empujan a ser las personas que Dios quiere que seamos. El chef de una auténtica pizzería estira la masa, la golpea, la enrolla, la extiende, la hace girar y luego la cocina. Una pizza no puede ser todo lo que se espera de una pizza hasta que la masa haya atravesado el proceso necesario para ser todo lo que se espera que sea. Cubrir un bollo de masa con longaniza, salsa, cebolla y tomates no hace en absoluto una pizza. Antes bien, la masa debe trabajarse para que pueda ser el fundamento apropiado de todos los ingredientes y una deliciosa comida.

Es fácil desear las bondades y bendiciones de Dios, pero Él quiere asegurarse de que seamos capaces de utilizar bien su poder cuando llegue el tiempo de dárnoslo. Muchos de nosotros tenemos un futuro glorioso depositado en nuestra cuenta, pero Dios todavía sigue obrando en el proceso de nuestro desarrollo personal para que no malgastemos ese futuro cuando lo recibamos. Quiere asegurarse de que seamos capaces de utilizar bien la bendición que Él tiene preparada para nosotros antes de entregárnosla.

Puede que Jacob haya engañado tanto a Isaac como a Esaú para conseguir la bendición de Dios; pero Dios sabía que Jacob no estaba preparado para recibir esa bendición aunque ahora era suya. Dios sabía que Jacob seguía siendo demasiado fiel a su nombre: un engañador. Todavía estaba demasiado lleno de sí mismo para beneficiarse de la bendición si Dios se la hubiera dado inmediatamente. En cambio, Dios quería estar seguro de que Jacob estuviera preparado para que cuando le diera todo lo que había dispuesto para él, no lo malgastara.

Su huida a causa del pecado

Inmediatamente después de que Isaac le diera su bendición, Jacob tuvo que huir. Esaú estaba tan enojado por lo que Jacob le había hecho, que incluso había amenazado con matarlo. Entonces, Rebeca convenció a Isaac de que despidiera a Jacob con el argumento de que ella no quería que su hijo se casara con una de las mujeres hititas que vivían en los alrededores. Anteriormente, las mujeres hititas habían causado mucho dolor a Isaac y Rebeca, y debido a eso, Rebeca pudo persuadir a Isaac de que enviara a Jacob a la casa de su tío Labán, que estaba en la región de donde ella venía.

Ante el pedido encarecido de Isaac, Jacob partió hacia Harán. Sin embargo, en el camino hacia allí, Dios le habló en un sueño, en el que vio una escalera que llegaba al cielo.

En la parte superior de la escalera estaba el Señor, quien le dijo: "Yo soy el Señor, Dios de tu abuelo Abraham, y Dios de tu padre Isaac. La tierra en la que estás acostado te pertenece. Te la entrego a ti y a tu descendencia. ¡Tus descendientes serán tan numerosos como el polvo de la tierra! Se esparcirán en todas las direcciones: hacia el Oriente y el Occidente, hacia el Norte y el Sur; y todas las familias de la tierra serán bendecidas por medio de ti y de tu descendencia. Además, yo estoy contigo y te protegeré dondequiera que vayas. Llegará el día en que te traeré de regreso a esta tierra. No te dejaré hasta que haya terminado de darte todo lo que te he prometido" (Génesis 28:13-15).

Jacob volvió a recibir la promesa de una bendición. Sin embargo, igual que antes, Jacob no estaba preparado para recibir esa bendición. Dios le dijo que lo llevaría nuevamente a la tierra que le había prometido. Pero antes de que eso pudiera suceder, debían suceder otras cosas. Una de las primeras cosas era que Jacob necesitaba probar un poco de su propia medicina, y saber qué se siente al ser engañado. Y recibió esta lección cuando se enamoró de Raquel, una de las hijas de su tío.

Historia de dos hijas

Labán tenía dos hijas. La mayor era Lea y la menor, Raquel. Las Escrituras nos dicen que Jacob amaba a Raquel. De hecho, podríamos decir, sin lugar a equivocarnos, que Jacob se enamoró de Raquel a primera vista. Leemos en Génesis 29:11 que la primera vez que Jacob vio a Raquel, la besó y rompió en llanto. El texto nos da un indicio de cuál puede ser una de las razones. Dice en el versículo 17: "Raquel tenía una hermosa figura y una cara bonita". Al parecer, esta muchacha tenía suficientes encantos para hacer llorar a un hombre grande.

Sin embargo, la tradición cultural del lugar requería que la hermana mayor se casara antes que la menor. Como hemos visto, Jacob no era proclive a cumplir con las tradiciones culturales u honrar la manera en que se debían hacer las cosas. Cuando conoció por primera vez a Raquel junto al pozo, después de haber viajado por mucho tiempo, Jacob decidió pasar por alto las reglas que regían para el uso del pozo. En Génesis 29:7-10 leemos que Jacob quitó la piedra que tapaba la boca del pozo para dar de beber agua a las ovejas de Raquel antes de la hora permitida para hacerlo. El saludo que Jacob le dio a

Raquel ese día, también fue diferente al que las personas del lugar normalmente acostumbraban a dar. Besar a una muchacha y llorar en el primer encuentro no era la norma social.

Dado que no se consideraba como alguien que procediera conforme a las reglas de la cultura, Jacob le pidió a Labán que le diera como esposa a Raquel en vez de pedirle a Lea. Sin embargo, como Jacob había engañado a su padre Isaac con respecto a la primogenitura de Esaú, había tenido que huir con las manos vacías de su pueblo natal. De modo que no estaba en condiciones de ofrecer la dote convencional por Raquel para poder casarse con ella inmediatamente; sino que tuvo que trabajar siete años antes de que Labán le diera a su hija en matrimonio.

Génesis 29:20 nos dice que los siete años que Jacob trabajó por Raquel "le parecieron unos pocos días". Sin embargo, la noche en que se suponía que Jacob iba a casarse con el deseo de su corazón (o de sus ojos), Labán le jugó una mala pasada. Labán engañó a Jacob y le dio en cambio a su hija mayor, Lea. Al parecer, absorto en la celebración del acontecimiento, Jacob ni si quiera notó que se había casado con Lea hasta la mañana siguiente. Tal vez había participado activamente en la celebración de la boda. ¿Quién sabe? Pero lo que sabemos es que "a la mañana siguiente, cuando Jacob se despertó, ¡vio que era Lea! '¿Qué me has hecho? —le dijo a Labán con furia—. ¡He trabajado siete años por Raquel! ¿Por qué me has engañado?'" (Génesis 29:25).

Se intercambiaron los roles. Ahora Jacob era el engañado. Se había dado un ejemplo perfecto de ironía poética porque, como dice el versículo, Jacob el engañador, en realidad le preguntó a Labán: "¿Por qué me has engañado?".

Labán contestó: "Aquí no es nuestra costumbre casar a la hija menor antes que a la mayor" (v. 26). Una vez más, tenemos un caso del derecho del mayor contra el derecho del menor. Antes, Jacob había engañado a Isaac para conseguir lo que el hijo mayor debería haber recibido. Ahora, Labán engaña a Jacob y le da lo que le correspondería a su hija mayor. El dicho: "Todo vuelve en la vida" podría haberse originado en Harán.

No obstante, Jacob volvió a hacer un trato de servir a Labán por otros siete años a fin de casarse con la mujer que le había cautivado: Raquel. Jacob se casó con Raquel inmediatamente después de terminada la semana nupcial con Lea, y después procedió a servir otros siete años. Leemos que "Jacob durmió también con Raquel, y la amó mucho más que a Lea" (Génesis 29:30).

Una noche larga

Durante ese tiempo y en los años posteriores, Jacob acumuló una gran riqueza. Dios lo bendijo tal como le había prometido. Leemos no solo que las esposas de Jacob le dieron muchos hijos e hijas, sino también que Dios bendijo las posesiones de Jacob. Génesis 30:43 dice: "Como resultado, Jacob se hizo muy rico, con grandes rebaños de ovejas y cabras, siervas y siervos, y muchos camellos y burros".

Después de veinte años en los cuales adquirió una gran riqueza y seguridad, Jacob decidió que era tiempo de regresar a casa. Inseguro de cómo lo trataría Esaú tras su regreso, Jacob comenzó a avanzar lentamente en su viaje con sus esposas, hijos y posesiones. Después de enviar mensajeros antes que él para que le informaran a Esaú sobre su regreso, Jacob recibió noticias temibles cuando los mensajeros regresaron: Esaú estaba yendo a encontrarse con él, acompañado de cuatrocientos hombres.

En la mente de Jacob, había solo una razón por la que su hermano iría a su encuentro con una escolta de cuatrocientos hombres. La ira de Esaú no debió de haberse calmado, y seguramente llegaba para matar a Jacob, sus esposas y sus hijos. "Jacob quedó aterrado con la noticia. Entonces separó a los miembros de su casa en dos grupos, y también a los rebaños, a las manadas y a los camellos, pues pensó: 'Si Esaú encuentra a uno de los grupos y lo ataca, quizá el otro grupo pueda escapar'" (Génesis 32:7-8).

Jacob trató por todos los medios de proteger de Esaú a su familia y sus posesiones. Envió por delante una ofrenda de paz, con la esperanza de apaciguar a Esaú. Oró a Dios, y le recordó la promesa de bendición que Él le había dado. Envió a sus esposas, hijos y posesiones a cruzar el vado del río Jaboc, donde estarían a salvo. Y luego, después de todas sus estrategias y oraciones, Jacob se quedó solo.

En ese momento, Dios se volvió a encontrar con Jacob. Veinte años habían pasado desde que Dios se le había aparecido por primera vez a Jacob en un sueño en Betel, en el cual le mostró una escalera que llegaba al cielo y le dio la promesa de bendecirlo. Ahora, veinte años más tarde, Dios vuelve a encontrarse con Jacob en el vado de Jaboc para ver si el carácter de Jacob había madurado lo suficiente para recibir la materialización de esa bendición. A menudo Dios pondrá de manifiesto nuestro carácter al ponernos en situaciones que nos permitan sentir miedo, frustración, fracaso o soledad. Eso es exactamente lo que hizo con Jacob.

Aquella noche, Jacob se quedó solo. Leemos que estaba "aterrado". Había sido bendecido con esposas, hijos y posesiones; pero era un hombre bendecido que estaba huyendo, incapaz de disfrutar lo que Dios le había dado. Una razón por la que Jacob era un hombre que huía es que definía incorrectamente la hombría. Jacob pensaba que ser hombre significaba ser capaz de engañar a las personas para conseguir lo que quisiera. Pensó que ser hombre tenía que ver con toda una fantochada: la manera de caminar, hablar o el porte. Jacob no había aprendido aún qué era un verdadero hombre, y no lo iba a aprender hasta que Dios lo colocara en una situación en la que no pudiera hacer trampas, valerse de astucias y engañar para conseguir lo que quería.

Esaú se acerca a Jacob con cuatrocientos hombres: todo un ejército. Y Jacob está solo. Ya aterrado por la pelea que se avecina con su hermano, Jacob se encuentra en una pelea inesperada aquella noche. "Entonces Jacob se quedó solo en el campamento, y llegó un hombre y luchó con él hasta el amanecer" (Génesis 32:24).

Alguien apareció por sorpresa y comenzó a luchar con Jacob, y trató de inmovilizarlo contra el suelo. Así como Hulk Hogan tuvo una aparición sorpresiva en *American Idol*, esta persona apareció sorpresivamente. De repente tenemos un espectáculo de lucha libre durante toda la noche. Tenga presente que este es el Jacob al que ni siquiera le gustaba ir al "campo"; tal vez porque ni siquiera quería correr el riesgo de ensuciarse las manos. Este es el Jacob que una vez prefirió quedarse "en el campamento". Este es el Jacob que hacía trampa y engañaba para conseguir lo que quería o para librarse de una situación en la que no quería estar.

Y ahora este mismo Jacob está luchando con un enemigo demasiado grande durante toda la noche. Es fácil pensar que seguramente comenzó a quejarse y quiso rendirse, pero no fue así. Jacob no "tiró la toalla". Con la espalda contra la pared, Jacob se negó a rendirse. Peleó por su familia, por su futuro, por la promesa de la bendición que Dios le había dado. De hecho, peleó tan fuerte y por tanto tiempo que "cuando el hombre vio que no ganaría el combate, tocó la cadera de Jacob y la dislocó" (Génesis 32:25). Jacob debió de haber impresionado a su oponente cuando vio que no podía ganarle.

Aquí tenemos a Jacob que huye para salvar su vida de manos de Esaú. Mientras huye para salvar su vida, aquella noche aparece otro hombre, que lo agarra y no lo deja ir. Y no solo eso, sino que lo hiere profundamente. Al tocar su cadera, la disloca: la descoyunta. Jacob ya está cansado y atemorizado mientras pelea, pero para colmo, ahora también está dolorido.

¿Qué tiene que ver esto con la total materialización de la bendición de Jacob? Todo. Aquella noche, Jacob experimentó lo mismo que muchos de nosotros experimentamos antes de vivir la plenitud de las bendiciones de Dios: el quebrantamiento. Somos quebrantados cuando Dios nos despoja de nuestra autosuficiencia, cuando no podemos usar nuestro ingenio, intelecto, encanto, dinero, poder o influencia para que sucedan las cosas por nosotros mismos. Somos quebrantados cuando Dios aparece y nos revela que no podemos valernos por nuestra cuenta.

Dios a menudo nos permite estar en una situación que no podemos resolver para descubrir que Él es el único que puede hacerlo. Jacob está luchando en una situación desesperante. Está dolorido y angustiado, y está gastando sus fuerzas en una lucha de toda la noche que ni siquiera es la pelea que esperaba.

Pero algo sucedió durante esta lucha que cambió para siempre a Jacob. En medio de su dolor, fracaso y desesperanza, Jacob descubrió que su lucha no tenía nada que ver con la lucha en sí. Esta batalla se trataba de mucho más que de dos individuos que querían ver quién podía resistir más. Mientras Jacob luchaba durante toda la noche, aprendió que su lucha tenía que ver con su bendición. En algún momento del proceso de dislocación, quebrantamiento y restricción a una situación dolorosa que no podía remediar, Jacob descubrió que había una relación entre su dolor y los propósitos de Dios.

El oponente finalmente le dijo a Jacob: "¡Déjame ir, pues ya amanece!".

Y Jacob le contestó: "No te dejaré ir a menos que me bendigas" (Génesis 32:26).

Jacob reconoció que había una relación entre su problema y la bendición de Dios. Al darse cuenta de que estaba en una situación en la que tenía todas las de perder —en una lucha con un hombre que tenía el poder de dislocar su cadera tan solo con tocarla, y en contra de un hermano vengativo con un ejército de cuatrocientos hombres con el que pelearía al día siguiente—, Jacob sabía que esta vez la única manera de conseguir lo que quería era que Dios se lo diera. Ya no podía valerse de sus engaños para experimentar esta bendición. No podía manipular las cosas para recibir una herencia. Ni siquiera podía abrirse camino para alcanzar y vivir la vida que quería. Jacob finalmente había descubierto que si iba a lograrlo —si sus bendiciones iban a materializarse— sería Dios, y solo Dios, quien lo haría.

Uno de los problemas que a menudo afrontamos como creyentes es confundir la mano del hombre con la mano de Dios. Muchas veces no vemos la relación entre nuestro dolor y los propósitos de Dios. Debemos darnos cuenta de que muchas veces sucede algo más que tan solo tener un mal día o trabajar con una persona difícil. Dios a menudo usa las situaciones dolorosas para formar nuestro carácter y así llegar a ser suficientemente fuertes para utilizar bien las bendiciones cuando nos las dé. Dios quiere asegurarse de que aquello que nos dé no sea desaprovechado a causa de una fe débil.

Jacob ya había sido bendecido; tan solo no había experimentado la plenitud de esa bendición manifestada en su vida. Jacob tenía lo que muchos de nosotros tenemos: una bendición escrita. La Biblia está llena de bendiciones escritas. La Biblia nos promete miles de bendiciones. Pero llega el momento en cada una de nuestras vidas —como sucedió en la vida de Jacob— cuando necesitamos más que una bendición escrita. Necesitamos que Dios tome esa bendición escrita y le dé vida.

Pero muchas veces, Dios no nos permitirá experimentar la bendición hasta que nuestro carácter esté preparado para recibirla. De modo que el reto de Dios podría ser que los hombres y las mujeres luchen con Él. Luchamos con otros hombres y otras mujeres. Luchamos incluso con nosotros mismos. Pero muchas veces no luchamos con Dios en medio de nuestro dolor. Culpamos a los demás, rezongamos o nos quejamos más que luchar con Dios para descubrir la bendición que Él nos ha prometido. Luchar con los hombres puede cambiar algo en la historia, pero luchar con Dios puede cambiar las cosas por la eternidad.

Luchar con Dios cambió radicalmente a Jacob, como se nos revela en su nombre. "'¿Cómo te llamas?', preguntó el hombre. 'Jacob', contestó él" (Génesis 32:27).

Ahora bien, a mí me parece que es una conversación extraña durante una lucha. ¿Puede usted imaginarse estar peleando, luchando y renegando con alguien y después preguntarle: "A propósito: ¿cómo te llamas?". Se están dando puñetazos y, de repente, la otra persona le pregunta su nombre. Es extraño. Sin embargo, cuando consideramos el significado de los nombres de esa época y cultura, tiene total sentido. En la Biblia, un nombre nunca era solo un nombre; sino que revelaba la identidad, el carácter y el propósito de una persona.

A Jacob le preguntaron su nombre porque reflejaba la metodología que siempre había usado para conseguir lo que quería. Jacob era un engañador. Confiaba en sí mismo para ir a donde quería y conseguir lo que quería. Pero a fin de recibir la plenitud de su bendición,

Jacob primero tuvo que ser quebrantado. Tuvo que desechar su auto-suficiencia. Tuvo que cambiarse el nombre.

En Génesis 32:28 leemos: "Tu nombre ya no será Jacob —le dijo el hombre—. De ahora en adelante, serás llamado Israel, porque has luchado con Dios y con los hombres, y has vencido". El nombre de Jacob no sería más Engañador, porque Jacob ya no se comportaba de ese modo. Jacob debía llamarse Israel, porque había luchado con Dios y con el hombre, y tenía la fortaleza de carácter y la fe para resistir y ganar. El nuevo punto de referencia de Jacob era ese mismo momento. Y lo definiría por el resto de su vida.

El problema con muchos de nosotros es que estamos viviendo bajo el nombre equivocado. Tenemos una generación de individuos que está relacionada con el nombre equivocado. Por ejemplo, tenemos artistas musicales que llaman a las muchachas con toda clase de apelativos que no deberían definirlas. E incluso peor, vemos a las muchachas que bailan y cantan al compás de esos malos apelativos. Básicamente, las llaman promiscuas; y ellas lo aceptan. Han adoptado un nombre que les dio una cultura que trata de definirlas.

Una razón por la que han respondido a estos nombres es que no han escuchado a nadie que les dé el nombre adecuado. Una razón por la que nunca han escuchado el nombre adecuado es que tenemos una generación de hombres que están viviendo con sus propios nombres equivocados. Es difícil darle a alguien un nombre cuando nosotros mismos no estamos seguros de cuál es nuestro propio nombre.

Jacob recibió un nombre nuevo la noche que luchó con Dios. Sin embargo, lo que es interesante de aquella noche es cómo Jacob descubrió que el oponente que estaba tratando de tirarlo al suelo, en realidad era Dios que trataba de levantarlo. El retador que él pensó que trataba de perjudicarlo, en realidad, era Dios que quería restaurarlo. Para que Dios llevara a Jacob al punto de renunciar a su nombre, tenía que quebrantarlo. Tenía que quebrar el control que su nombre ejercía sobre él. Tenía que reemplazar su historia, trasfondo e identidad con algo nuevo.

El nombre de Dios

Cuando Jacob entendió su nuevo nombre, le dijo: "Por favor, dime cuál es tu nombre". Pero Jacob no recibió la respuesta que esperaba; sino una pregunta retórica: "¿Por qué quieres saber mi nombre?" (Génesis 32:29). Pero Jacob no necesitaba una respuesta a su pregunta. Él ya la tenía. Ya había recibido su nuevo nombre: Israel. También se le había dicho por qué había recibido ese nombre: "porque has luchado con Dios". En otras palabras, lo único que Jacob necesitaba saber era quién era *él*. Si él sabía quién era, entonces sabía con quién estaba luchando. En mi paráfrasis de Tony Evans, la respuesta a la pregunta de Jacob fue simplemente esta: "Ya te dije cuál es tu nombre: Israel. Israel significa que has luchado con Dios. Para saber mi nombre, lo único que tienes que hacer es seguir diciendo quién eres tú, y a medida que lo hagas, sabrás quién soy yo, porque he compartido mi nombre contigo".

Al identificarse completamente con su nuevo nombre, Israel, que significa que había luchado con Dios y había ganado, Jacob siempre recordaría quién había sido su oponente aquella noche. La respuesta a su pregunta estaba dentro de su propio nombre.

Leemos en Génesis 32:29 que después de que Jacob se diera cuenta de con quién había luchado, Dios lo bendijo allí, tal como había prometido. Jacob recibió la bendición de Dios. "Jacob llamó a aquel lugar Peniel (que significa 'rostro de Dios'), porque dijo: 'He visto a Dios cara a cara, y sin embargo conservo la vida'" (v. 30).

En otras palabras, Jacob sabía en ese punto que en realidad no había ganado o vencido a aquel con el que luchaba. Sino que, más bien, había conservado la vida. Así como el padre que juega al básquet con su hijo a veces le deja hacer un tanto porque está tratando de formarle, enseñarle, instruirle y entrenarle, muchas veces Dios nos permite ganar nuestras luchas con Él para enseñarnos algo. Dios demostró su poder al dislocar la cadera de Jacob. Él podría haber dislocado su corazón con la misma rapidez. Pero dejó que Jacob sobreviviera a su lucha, porque en ella y a través de ella, le enseñó dónde estaba su verdadera bendición: en Él. Cuando la lucha terminó, ya había amanecido y Jacob "se fue cojeando debido a su cadera dislocada" (v. 31).

Durante el resto de la vida de Jacob, su cojera fue un recordatorio constante de aquella noche. Fue un recordatorio de que cada vez que se moviera, no podía hacerlo solo. Jacob nunca pudo volver a dar un solo paso sin recordar que Dios le había conservado la vida. Jacob fue bendecido, pero su cojera le recordaba que solo Dios le había bendecido.

Esto me lleva a hacerle una pregunta: ¿Quiere ser usted una persona bendecida con una cojera o quiere ser tan solo otra persona que puede seguir caminando sin problemas? Dios le dejará ir por la vida tan solo con bendiciones escritas y su cadera en perfecto estado. Él dejará que piense que usted es el que decide y el que determina cómo son las cosas. Pero si realmente quiere ser bendecido, en ocasiones serán necesarias una o dos cojeras. Cuando Dios nos quebranta y nos despoja de nuestra autosuficiencia, entonces somos libres para verle cara a cara.

No solo eso, sino que cuando dejamos de mirar nuestra propia vida, aprendemos a reconocer las bendiciones de Dios y a entender a quiénes van dirigidas. Una bendición nunca va dirigida solo a usted. Una bendición siempre debe llegar a través de usted a otra persona. En el libro de Hebreos, vemos a Jacob que transfiere la bendición que había recibido a sus nietos. Les dio un legado de fidelidad, protección y provisión de Dios. Leemos en Hebreos 11:21: "Fue por la fe que Jacob, cuando ya era anciano y estaba por morir, bendijo a cada uno de los hijos de José y se inclinó para adorar, apoyado en su vara". Evidentemente, puesto que todavía le dolía la cadera, apoyado en su vara, Jacob les transfirió a sus nietos la bendición del favor divino. Una bendición es una bendición bíblica solo cuando se puede extender de usted a otros. En este caso, el engañador terminó en el "Salón de la Fama de la fe", porque aprendió a ver su bendición como Dios la ve.

De hecho, dado que Jacob aprendió a ver su bendición como Dios la ve, tomó una decisión sorprendente en su muerte. Leemos que Jacob pidió que lo enterraran junto a Lea y no junto a Raquel (Génesis 49:29-32). Hizo eso aunque es indiscutible que amó más a Raquel que a Lea. Las Escrituras afirman en muchos pasajes el amor de Jacob por Raquel. Aun en su edad avanzada, Jacob hablaba de Raquel con mucho cariño. Leemos: "Hace mucho tiempo, cuando yo regresaba de Padán-aram, Raquel murió en la tierra de Canaán. Todavía íbamos en viaje y bastante lejos de Efrata (es decir, Belén). Con mucha tristeza, la enterré allí, junto al camino que va a Efrata" (Génesis 48:7). Sin embargo, dado que Jacob ahora veía su bendición con la perspectiva divina de que se extendiera a otros, pidió que lo sepultaran junto a Lea. Después de todo, Lea dio a luz a Judá, quien llegaría a ser el padre de David y sería parte del linaje de Jesucristo. Lea iba a ser usada en el linaje mesiánico. Fue Lea quien dio a luz a Leví, el precursor de la tribu especialmente escogida para servir a Dios en su templo. Cuando Jacob se posicionó bajo los preceptos y la perspectiva general de Dios, se unió a Lea, la esposa a la que no había amado.

Lo interesante a notar sobre Lea son los nombres que les puso a sus cuatro hijos. Con el deseo desesperado de una relación de amor con su esposo, Lea decidió dar a sus hijos un nombre que reflejara su sentimiento hacia él. El nombre de su primer hijo, Rubén, literalmente significa "mirada" e "hijo". En otras palabras, Lea le estaba diciendo a Jacob: "mírame, te he dado un hijo". El nombre del segundo hijo de Lea fue Simeón, que significa "el Señor oye". Lea dijo eso porque el Señor oyó que su esposo la detestaba, y la bendijo con un hijo.

El tercer hijo de Lea se llamó Leví, que literalmente significa "unirse o relacionarse". Una vez más, mediante el nombre de su hijo, Lea estaba expresando su profunda necesidad de que su esposo la amara. Sin embargo, cuando Lea dio a luz a su cuarto hijo, había aprendido, como Jacob aprendió más adelante, que una verdadera bendición solo viene de Dios. Y le puso Judá, que significa "alabanza".

En consecuencia, en su muerte, Lea recibió el honor de estar junto a su esposo; un honor que nunca experimentó en vida.

Tanto Jacob como Lea dejaron un legado de fe, que nos recuerda a cada uno de nosotros que nunca es demasiado tarde para que Dios tome cualquier situación o caos en el que nos encontremos y lo transforme para sus propósitos y su gloria. Si nos humillamos en su presencia y aceptamos el quebrantamiento que a menudo acompaña a la humillación, Él puede bendecirnos grandemente y llevarnos directamente a nuestro destino.

Hace poco tomé un vuelo desde Raleigh, Carolina del Norte, de regreso a Dallas, donde vivo. Cuando estábamos llegando a Dallas, el capitán habló por el altavoz para avisarnos que había muchas nubes de tormentas alrededor del aeropuerto de Dallas-Fort Worth y que el aeropuerto había cerrado temporalmente. En consecuencia, no pudimos aterrizar, y el capitán tuvo que desviar el vuelo hasta el aeropuerto de Abilene.

Mientras estábamos sentados en la pista de aterrizaje de Abilene, esperando que las tormentas de Dallas se calmaran, noté que una pasajera se había puesto de pie y había empezado a sacar sus bolsos del compartimiento superior. Después de abrirse paso hacia la auxiliar de vuelo, la escuché decir: "Yo debía tomar un vuelo de conexión de Dallas a Abilene. Pero dado que ya estamos en Abilene, quería saber si me dejarían bajar aquí".

La auxiliar de vuelo aceptó de buena gana y permitió que la mujer bajara del avión. No era la ruta que pensó que iba a tomar para llegar a su ciudad, pero de alguna manera había llegado. Amigo, Dios es tan bueno que puede aprovechar un desvío causado por una turbulencia en la vida que pensamos que nos había hecho perder el rumbo por veinte años (como lo hizo con Jacob). Dios todavía puede llevarnos al mismo lugar donde necesitamos ir.

Puede que piense que ha perdido demasiados años debido a una mala decisión. El mismo Jacob perdió algunos años, así como vimos anteriormente en la vida de Moisés. Pero Dios todavía puede llevarlo a donde necesita ir. Nunca es demasiado tarde con Dios. Él puede transformar un desastre en un milagro; si simplemente reconoce que Dios está en control. Usted no necesita hacer maniobras para ir a algún lado. Permita que Dios lo guíe, lo bendiga y posiblemente incluso lo quebrante, para que pueda darle un nuevo nombre conforme a su plan perfecto.

CAPÍTULO CUATRO

Jonás era un rebelde

Jonás era un rebelde; pero también un profeta. Podríamos recordar a James Dean para siempre como el rebelde sin causa, pero Jonás fue el rebelde *con* causa. No obstante, debido a eso, observamos la constante confusión interna (y a veces externa) de Jonás durante el transcurso de los sucesos registrados sobre su vida.

No encontramos mucho en las Escrituras sobre Jonás. Solo cuatro breves capítulos, que nos dan una idea de quién era este hombre. Pero dado que estos capítulos están intercalados entre Abdías y Miqueas, es necesario buscarlos deliberadamente para leer sobre Jonás. Aunque no es uno de los libros más extensos de la Biblia, está repleto de todos los elementos que componen una epopeya.

Nuestro estudio de Jonás comienza con una misión. Podría clasificarse bajo la categoría de misión imposible, si Jonás decidiera aceptarla. Pero no la acepta. En cambio, opta por la deserción, la rebeldía y la decepción. Después de eso, encontramos a nuestro rebelde en medio de una gran tempestad y, a la vez, como blanco de una tentativa de homicidio; una tentativa de homicidio por una buena causa, por supuesto. Después, aparece una ballena que le salva la vida y le lleva al arrepentimiento, una nueva dedicación y obediencia. Pero luego le vemos con remordimiento y depresión suicida. La historia de Jonás es la epopeya de un fracaso así como de un éxito. El drama de Jonás no se parece al de ninguna persona; sin embargo, tiene principios de vida aplicables a todos los que hemos experimentado fracaso personal, rebeldía espiritual, enojo, odio, cobardía o tan solo una simple y llana apatía.

Jonás huye

La historia comienza cuando Jonás recibe una misión de Dios. "El Señor le dio el siguiente mensaje a Jonás, hijo de Amitai: 'Levántate y ve a la gran ciudad de Nínive. Pronuncia mi juicio contra ella, porque he visto qué perversa es su gente'" (Jonás 1: 1-2).

Nínive era la ciudad capital del Imperio Asirio. Conocida por su crueldad y opresión (ver Nahúm 1), la conquista de Asiria confirmaba su reputación como una nación sin misericordia o compasión. De hecho, el ejército asirio torturaba a sus enemigos, a veces los despellejaba vivos y clavaba su piel a una pared como advertencia a quienes podían interponerse en su camino. Los asirios constituían una amenaza y un enemigo, particularmente para los israelitas. Así que puede que Jonás los odiara y a la vez tuviera temor de ellos. Puede que no sepamos exactamente cuáles eran los sentimientos de Jonás hacia los asirios, pero sabemos que se negó a cumplir la misión de Dios de llevarles un mensaje de arrepentimiento.

> Entonces Jonás se levantó y se fue en dirección contraria para huir del Señor. Descendió al puerto de Jope donde encontró un barco que partía para Tarsis. Compró un boleto, subió a bordo y se embarcó rumbo a Tarsis con la esperanza de escapar del Señor (Jonás 1:3).

Aquí tenemos una situación en la que Jonás, intencionalmente, coloca su relación y comunión con Dios por debajo de su odio, temor, desdén y desprecio por los asirios. Este versículo dice dos veces que Jonás huyó de la presencia del Señor.

Jonás sabía que Dios era clemente, lo cual significaba que podía mostrar misericordia hacia los ninivitas. En vez de quedarse cerca para ver que sucediera eso (o peor aún, ayudar a que sucediera), Jonás decidió huir de la presencia de Dios.

Jonás era un profeta totalmente consciente de la omnipresencia de Dios; entonces, ¿dónde pensaba que iba? Tal vez, no estaba seguro. Sin embargo, huyó, como muchos de nosotros hacemos de vez en cuando. Pensamos que si dejamos de hablar con Dios o de ir a la iglesia, Él dejará de estar al tanto de nuestra vida o de lo que estamos haciendo. Tal vez, en períodos de rebeldía o distanciamiento espiritual, también suponemos que nos hemos alejado de la presencia de Dios. Pero Dios siempre está cerca; Él es consciente de cada uno de nosotros en cada momento. Dios lo ve todo, y debido a eso, no hay lugar donde nos podamos esconder de Él. Como escribió el salmista David, Dios sabe muy bien dónde está cada uno de nosotros.

> Oh Señor, has examinado mi corazón
> y sabes todo acerca de mí.
> Sabes cuándo me siento y cuándo me levanto;
> conoces mis pensamientos aun cuando me
> encuentro lejos.
> Me ves cuando viajo
> y cuando descanso en casa.
> Sabes todo lo que hago...
> Vas delante y detrás de mí.
> Pones tu mano de bendición sobre mi cabeza...
> ¡Jamás podría escaparme de tu Espíritu!
> ¡Jamás podría huir de tu presencia!
> Si subo al cielo, allí estás tú;
> si desciendo a la tumba, allí estás tú.
> Si cabalgo sobre las alas de la mañana,
> si habito junto a los océanos más lejanos,

aun allí me guiará tu mano
y me sostendrá tu fuerza.

(Salmos 139:1-3, 5, 7-10)

Aun así, de alguna manera, Jonás se había convencido de que podía huir de la presencia de Dios. De modo que eso es lo que se propone hacer. Aquí tenemos a un hombre al que no le gustaron las instrucciones de Dios. No lo puso en absoluto contento la comisión de Dios. De hecho, Jonás pudo haber pensado que Dios se había vuelto loco. "¿Predicarles un mensaje de arrepentimiento a los asirios, Dios? Debes de estar bromeando. ¡A ellos no; a cualquiera menos a ellos!".

A fin de cuentas, todo el libro de Nahúm dice que juicio y perdición caerían sobre los asirios a causa de su maldad. Ellos eran guerreros despiadados que se jactaban de querer que corriera sangre. Ha quedado registrada en los anales de su historia la aniquilación de jóvenes y adultos por igual.

Sin embargo, en la época de Jonás, el imperio asirio estaba experimentando un período de vulnerabilidad. Tras la muerte del rey Adad-nirari III en el año 783 a.C., la nación atravesó un período de 37 años de lucha para defenderse de sus vecinos del norte. Este es el trasfondo en el cual Dios le dio sus instrucciones a Jonás.

Esta situación nacional para Nínive produjo dos efectos. Uno: pudo haber influido negativamente en el interés de Jonás de dar un mensaje de arrepentimiento a una nación que podría responder y evitar el juicio de Dios; solo para que, al final, años más adelante, derrotara a los israelitas. Dos: pudo haber hecho que los ninivitas fueran más receptivos al llamado a arrepentirse para retener la ira de Dios durante una época más débil en su defensa nacional.

No fue que Dios lo enviara a Nínive lo que alteró a este profeta rebelde; sino más bien, *por qué* y cuándo le dijo que fuera. Si Dios hubiera enviado a Jonás a Nínive a predicar juicio, esa hubiera sido una historia diferente. Jonás se habría montado en el primer camello y habría entregado el mensaje en tiempo récord. Pero ir a un enemigo cruel, que estaba experimentando un tiempo de debilidad nacional, para decirle que Dios iba a darle una segunda oportunidad antes de destruirlo… ese era un pedido totalmente diferente. En la mente de Jonás, ese pueblo no se merecía una segunda oportunidad. No solo eso, sino que si le perdonaba la vida, podía volverse más fuerte y, a la larga, volver a atacar a los israelitas.

Por tanto, para prevenir lo que no quería que sucediera, Jonás huyó en la dirección opuesta. Y no salió sin rumbo; el pasaje dice claramente que Jonás "se levantó y se fue". Para decirlo sin vueltas, Jonás salió corriendo en la dirección opuesta. El profeta salió corriendo como un loco de la presencia de su Jefe. No estoy seguro de si Jonás creía que estaba escapando de Dios tanto como de las expectativas, órdenes y condiciones de Dios. "Búscate a otro para que haga este trabajo, Dios", pudo haber protestado Jonás mientras se subía al barco en la dirección opuesta. "¡Yo no!".

Tenga en cuenta que Nínive está casi a 900 km por tierra de donde estaba Jonás cuando Dios le dijo que fuera. Pero Jonás partió hacia Tarsis, que está a 4.000 km en la dirección opuesta por mar. Al parecer, Jonás prefería navegar a 4.000 km lejos de la voluntad de Dios que viajar y caminar 900 km por tierra hacia ella. Con esta decisión, Jonás no solo dijo que no; sino que dijo a gran voz: "¡De ninguna manera!". Y para asegurarse de que se entendiera bien que quería decir "de ninguna manera", se fue en otra dirección. Tal vez pensó que aunque Dios lo encontrara, sería demasiado tarde para predicar a los ninivitas.

¿Se ha sentido alguna vez así? ¿Le dijo alguna vez Dios que hiciera algo que no lo puso muy contento? Quizá, hasta tenía razones bien pensadas por las que no quería hacer lo que Dios le pidió que hiciera. Implicaba demasiado riesgo innecesario, o no podía perdonar a esa persona que él le pidió que perdonara. Por tanto, en vez de decirle a Dios simplemente que no, se aseguró de decirle un firme: "¡De ninguna manera!".

A veces he visto personas que dejan de ir a la iglesia, o de leer la Palabra de Dios, o de frecuentar personas que tienen una relación cercana con Dios, porque no quieren recordar lo que Dios les dijo. No quieren recordar la expectativa divina de Dios, y entonces tratan de alejarse de su presencia. Sin embargo, el problema con esa estrategia es lo que dije anteriormente: Dios no solo está en la iglesia. Como dice el salmista: "La tierra es del SEÑOR y todo lo que hay en ella; el mundo y todos sus habitantes le pertenecen" (Salmos 24:1). No hay lugar en la creación de Dios donde nos podamos esconder de Él. Dios tiene un GPS personal para buscar a cada uno de nosotros. Él puede rastrearnos dondequiera que estemos, así como hizo con Jonás.

No solo no podemos huir de la presencia de Dios, sino que cuando lo intentamos, siempre terminamos yendo en *descenso*. Nunca en ascenso. Así como Jonás descendió a Jope y bajó a la bodega del barco, el descenso es la única dirección cuando nos alejamos de Dios.

Si piensa que al huir de Dios está yendo a un buen lugar, vuélvalo a pensar. En realidad está cayendo en picada aunque podría no notarse inmediatamente. Todo podría parecer que está bien al principio. Cuando Jonás se embarcó, quizá haya visto las gaviotas, sentido la cálida brisa del mar y disfrutado de un refrigerio. Es probable que todo pareciera igual a cualquier otra excursión en el mar. Pero lo que Jonás no sabía era que estaba navegando directamente hacia el centro de una tormenta dirigida hacia él. Y una tormenta dirigida hacia nosotros no se calma con el paso del tiempo; esa tormenta continúa hasta que cumple su propósito.

Además de descender cuando huyó de la presencia de Dios, Jonás también pagó el precio del pasaje. Tuvo que pagar por su boleto. Se debe a que siempre que huimos de Dios, tenemos que correr con los gastos. Cuando vamos en la dirección opuesta de donde Dios quiere llevarnos, tenemos que pagar el pasaje. Lo inverso también es cierto. Cuando estamos en la voluntad de Dios, aunque no queramos hacer su voluntad, Él correrá con los gastos. Es igual a cuando una compañía envía de viaje a un empleado. Cuando lo hace, asume la responsabilidad de pagar el pasaje. Sin embargo, cuando el empleado decide irse de vacaciones, debe pagar el pasaje aéreo, el hotel, la comida y todo el resto.

El centro de la voluntad de Dios es el lugar más seguro para estar, y podemos estar seguros de que Dios se hará cargo de todas nuestras necesidades allí también. Eso es lo que Dios hizo con Jocabed, madre de Moisés, cuando puso a Moisés en el río Nilo para que escapara de la ira de los egipcios. Cuando Jocabed hizo lo que Dios le dijo que hiciera, Miriam, la hermana de Moisés, volvió del Nilo, y le dijo que la hija del faraón había tomado a Moisés para criarlo como su propio hijo y que necesitaba una niñera para que le ayudara con él. Jocabed se presentó para el trabajo y terminó cobrando para criar a su propio hijo (Éxodo 2:9).

Ella cobró para criar a su propio hijo, porque cuando estamos en la voluntad de Dios, Él corre con los gastos. Sin embargo, si queremos hacer lo que nos parece, como Jonás, debemos hacernos cargo de nuestros propios gastos. Huir de Dios nos cuesta. Siempre. Nos cuesta dinero, tiempo, salud, progreso, gozo, tranquilidad mental y especialmente paz.

Huir de Dios le costó a Jonás todo eso y más. Sin darse cuenta, Jonás se encontró en un barco en medio de una gran tormenta. Leemos: "el Señor mandó un poderoso viento sobre el mar el cual desató una violenta tempestad que amenazaba con despedazar el barco" (Jonás 1:4).

Jonás tomó su decisión. Luego Dios tomó la suya.

Jonás dijo: "Dios, estoy huyendo de ti". Dios dijo: "Jonás, estoy levantando una tormenta contra ti".

Jonás dijo: "Dios, estoy yendo en la dirección opuesta". Dios dijo: "Jonás, yo ya estoy allí".

Entonces Dios levantó un viento gigantesco directamente contra Jonás, porque Dios amaba a Jonás. Él hace lo mismo por nosotros también cuando lo necesitamos. Hebreos 12:6 dice claramente que Dios disciplina a quienes ama.

Una de las grandes seguridades del amor de Dios por nosotros es que, cuando nos rebelamos, Él no nos dejará solos. Antes bien, Dios levantará una tormenta dirigida hacia nosotros, así como hizo con Jonás. Jonás terminó en medio de una tormenta porque había decidido huir de Dios, quien lo amaba inmensamente.

Si usted es hijo o hija de Dios y está en rebeldía contra Él, espere malas condiciones climáticas. Dios lo ama demasiado para no ir a buscarlo. Las circunstancias de su vida podrían parecer críticas si ha ido en la dirección opuesta de donde Dios quería que fuera. Pero si está en esa situación, tenga la seguridad de que Dios solo está tratando de llevarlo de nuevo a donde debería haber estado todo el tiempo: en su presencia y en su voluntad.

Lanzaron al profeta por la borda

Leemos en el primer capítulo de Jonás que, cuando los marineros vieron que la tempestad estaba por despedazar el barco, "temieron por sus vidas". Marinos fornidos y profesionales, de repente se aterraron por la enorme tormenta que Dios había levantado contra Jonás. Sabemos que estaban aterrados porque hicieron algo inimaginable. Estos hombres, que se ganaban la vida con el transporte de cargas desde Jope a Tarsis y de regreso a Jope, decidieron lanzar su medio de vida por la borda. Leemos en Jonás 1:5 que "temiendo por sus vidas, los desesperados marineros pedían ayuda a sus dioses y lanzaban la carga por la borda para aligerar el barco". Es decir: tiraron su dinero.

Estos marineros lanzaron su sueldo al mar debido a la feroz tormenta. Para entonces, los marineros habían decidido hacer cualquier cosa que fuese necesaria con tal de sobrevivir. La rebeldía de Jonás ya no le estaba afectando solo a él. Ahora estaba afectando a los marineros que estaban en el barco y a sus familias, porque estos hombres —si sobrevivían— no cobrarían el sueldo ese mes. Sus hijos iban a tener hambre por culpa de Jonás. Pero a juzgar por la respuesta de Jonás a aquella situación, a él no le preocupaba. En medio de una terrible tempestad, Jonás se quedó dormido. Leemos: "Todo esto sucedía mientras Jonás dormía profundamente en la bodega del barco" (Jonás 1:5).

Otra vez, huir de la voluntad de Dios había llevado hacia *abajo* a Jonás, esta vez a la bodega del barco. Pregunta: ¿Cómo puede una persona quedarse dormida en un barco que está por hacerse trizas debido a una tempestad? La respuesta es que Jonás se había alejado tanto de la voluntad de Dios, que ni siquiera cuando la tempestad azotaba, reconoció que estaba dirigida a él. En cambio, roncaba. Huir de Dios había llevado a Jonás tan abajo —en descenso—, que perdió contacto con Dios mismo. Jonás había activado el reloj despertador de la tormenta de Dios.

Sin embargo, mientras Jonás dormía, el resto de la tripulación trataba de pensar cómo salir vivo de la tormenta. Cada uno de ellos ya había clamado a su propio dios. Ahora querían que Jonás clamara al suyo también. El capitán bajó a buscar a Jonás a la bodega y lo confrontó: "¿Cómo puedes dormir en medio de esta situación? —le gritó—. ¡Levántate y ora a tu dios! Quizá nos preste atención y nos perdone la vida" (Jonás 1:6).

Si lo leemos demasiado rápido, podríamos no ver la importancia de esto. El capitán es un incrédulo. Jonás es un predicador. Aquí tenemos a un incrédulo que le dice al predicador que ore. Le está diciendo: "Señor predicador, ¿le molestaría orar en este momento? ¿No cree que podría ser una buena idea?". Lo cual no hace otra cosa que mostrar que una persona puede alejarse tanto de la voluntad de Dios, que los pecadores le tienen que decir que actúe como un santo. El pasaje no nos dice si Jonás respondió al pedido o lo evadió también. Lo único que sabemos es que poco después de eso, "la tripulación echó suertes para ver quién había ofendido a los dioses y causado tan terrible tempestad. Cuando lo hicieron, la suerte señaló a Jonás como el culpable" (v. 7).

La tripulación entendió que la tempestad que estaban afrontando era un problema espiritual, no solo meteorológico. Debido a eso, decidieron llegar al fondo del asunto y averiguar quién estaba provocando la tempestad que estaba destruyendo el barco. Como se imagina, la suerte recayó sobre Jonás. La tripulación le exigió una explicación, y Jonás confesó: "Soy hebreo... y temo al Señor, Dios del cielo, quien hizo el mar y la tierra" (v. 9).

Entonces "los marineros se aterraron al escuchar esto, porque

Jonás ya les había contado que huía del SEÑOR. '¿Ay, por qué lo hiciste?', gimieron" (v. 10). Huir de Dios ahora había producido una situación caótica no solo para Jonás, y como es comprensible, la tripulación quería saber cómo detener la tormenta. Jonás les dijo que solo podían hacer una cosa en ese momento. Debían agarrarlo y lanzarlo al centro de la tormenta. Jonás les dijo que si hacían eso, el mar se volvería a calmar.

Jonás no estaba solamente tratando de detener la tormenta con esa sugerencia. Jonás prefería morirse antes que ir a Nínive. Desde luego que no había previsto que el gran pez iba a rescatarle. Según Jonás, cuando los marineros lo lanzaran al mar, sería el final de su drama. Él se había alejado tanto de la voluntad de Dios, que estaba dispuesto a suicidarse en lugar de hacer lo que Dios le había pedido que hiciera.

Jonás no les dijo a los marineros que hicieran girar el barco y lo regresaran a tierra para que pudiera obedecer a Dios. Él les dijo que lo lanzaran al mar. De hecho, Jonás estaba más deseoso de morirse que los hombres de matarlo. En vez de lanzarlo por la borda, "los marineros remaron con más fuerza para llevar el barco a tierra, pero la tempestad era tan violenta que no lo lograron" (v. 13). Cuanto más remaban los marineros, más ululaban los vientos. Los pecadores estaban tratando de salvar al santo, mientras el santo se había propuesto cumplir el deseo de su propia muerte.

Finalmente, los marineros se rindieron. Clamaron a Dios y le pidieron perdón por lanzar por la borda a Jonás. Luego agarraron a Jonás y lo lanzaron al mar embravecido. Y así como Jonás les había dicho, "¡…al instante se detuvo la tempestad!" (v. 15).

Al ver el poder de Dios revelado en la calma del mar, los marineros temieron a Dios e hicieron sacrificios y votos a Él. Fíjese en esto: los marineros que habían estado orando a dioses falsos ahora estaban orando al Dios de Jonás. Jonás había llevado a los hombres a la salvación sin el más mínimo intento. Esto nos muestra un principio importante sobre Dios: incluso en nuestra rebeldía, Dios seguirá haciendo su obra.

En el vientre de una ballena

A continuación, encontramos a Jonás a borbotones en el agua, a punto de ser tragado por un pez. Nuestro rebelde pasa los próximos tres días y tres noches en el vientre de un pez. Justo cuando pensamos que Jonás no podía descender más, fue más abajo. Finalmente, allí en el vientre de ese gran pez, Jonás se da cuenta de que ya no puede seguir huyendo de Dios.

Hasta ahora, el texto no nos indicó que Jonás orara. Cuando se levantó la tormenta, el texto nunca nos dice que Jonás oró. Aún cuando los marineros le pidieron a Jonás que orara, no tenemos registro de que realmente lo hubiera hecho. Sin embargo, encerrado dentro de un pez baboso y, al parecer, incluso sin poder morirse, Jonás finalmente ora. Atrapado en una situación inimaginable, finalmente decidió que podía ser una buena idea hablar con Dios.

Lamentablemente, esto también nos ha pasado a muchos. Cuando nos negamos a escuchar, obedecer y volvernos a Dios, Él a veces permite una tormenta o una prueba en nuestras vidas que nos coloque en una situación donde nos sintamos impotentes, desahuciados y atrapados. Primero, Jonás descendió a Jope. Luego, descendió a la bodega del barco. Finalmente, descendió al fondo del mar, adonde lo llevó una gran ballena. A veces necesitamos descender tanto, caer muy bajo, para darnos cuenta de que necesitamos levantar la vista.

En el vientre de la ballena, finalmente, Jonás hizo justamente eso. Se *arrepintió*. Al final de su oración de arrepentimiento, Jonás prometió obedecer a Dios y dijo: "Pero yo te ofreceré sacrificios con cantos de alabanza, y cumpliré todas mis promesas. Pues mi salvación viene sólo del SEÑOR" (Jonás 2:9). Después de que Dios vio que Jonás estaba dispuesto a hacer su voluntad, "ordenó al pez escupir a Jonás sobre la playa" (v. 10).

La última vez que lo vimos, Jonás estaba afuera, en medio del mar. Pero de repente, la ballena lo devuelve a tierra seca. Mientras Jonás está orando a Dios en medio de su situación caótica, el pez está llevando a Jonás a un lugar. De hecho, el juicio de Jonás —que un pez se lo tragara— en realidad lo está llevando a donde Dios quiere que esté. El pez no está llevando a Jonás a Nínive. El pez está llevando a Jonás de vuelta a Jope, de vuelta al lugar de su desobediencia. Dios lleva a Jonás a su lugar de partida para darle otra oportunidad de hacer lo que debía hacer.

Otra vez, Jonás se enfrenta a una decisión. ¿Compraría otro pasaje a Tarsis o esta vez iría a Nínive como Dios le había pedido y como Él le pediría una vez más? Esta es la buena noticia sobre Dios. Él nos volverá a repetir lo mismo si es necesario. Jonás ignoró el llamado de Dios la primera vez, pero tuvo otra oportunidad. Esta segunda oportunidad la encontramos en Jonás 3:1-2, donde dice: "El SEÑOR habló por segunda vez a Jonás: 'Levántate y ve a la gran ciudad de Nínive y entrega el mensaje que te he dado'".

Observe que esta vez Dios no le dio a Jonás el resto de la información. Él no le confió a Jonás lo que él iba a proclamar hasta que Jonás tomó la decisión de seguirle. A veces Dios hace eso con nosotros también. Nosotros queremos conocer todos los detalles por adelantado para poder tomar nuestras decisiones basándonos en lo que vemos y pensamos, pero Dios quiere enseñarnos a caminar por fe. Él quiere ver si la oración que hicimos en el vientre de nuestra ballena ("cumpliré todas mis promesas") es genuina. ¿O vamos a cambiar de opinión y volver a nuestro estado natural una vez que Dios nos haya rescatado del abismo de las pruebas de la vida?

Arrepentimiento en Nínive

Esta vez nuestro profeta había aprendido su lección. De modo que Jonás obedeció. El pasaje nos dice que sin dudarlo, "esta vez Jonás obedeció el mandato del SEÑOR y fue a Nínive" (v. 3). Sin viajes en barco. Sin siestas. Sin que lo lanzaran al mar. En cambio, Jonás se levantó y fue directo a Nínive.

Una vez que llegó allí, Jonás caminó un día entero por la ciudad anunciando que serían destruidos en cuarenta días. El sermón de Jonás no era muy largo, ni siquiera muy profundo. Simplemente les decía que en cuarenta días serían destruidos. Jonás les dio noticias bastante malas a los ninivitas. Pero la buena noticia era que los cuarenta días significaban que había tiempo para revertir su situación. Dios pudo haberlos destruido en ese preciso instante, pero la advertencia venía con un elemento de tiempo, y los ciudadanos de Nínive prestaron mucha atención.

Dios todavía no había enviado juicio, de modo que los ninivitas tenían la oportunidad de arrepentirse. El arrepentimiento le da a Dios la libertad de retener su disciplina. La maldad de los ninivitas había llegado a Dios, como vimos en el capítulo 1. Ellos habían acumulado un montón de ira, que Dios estaba por descargar sobre ellos. Pero en su misericordia, Él les dio cuarenta días para hacer algo al respecto.

Y lo hicieron. Nínive era una ciudad grande. A una persona promedio le llevaría tres días tan solo recorrer toda esa enorme ciudad. Pero después de que Jonás hubo predicado en las esquinas y en las calles solo un día, la ciudad respondió, incluido el rey mismo. Como resultado de la obediencia de Jonás a Dios, llegó a ser el único predicador en la historia que salvó una ciudad entera con un sermón. La respuesta fue instantánea y auténtica.

> Entonces la gente de Nínive creyó el mensaje de Dios y desde el más importante hasta el menos importante declararon ayuno y se vistieron de tela áspera en señal de remordimiento.
>
> Cuando el rey de Nínive oyó lo que Jonás decía, bajó de su trono y se quitó sus vestiduras reales. Se vistió de tela áspera y se sentó sobre un montón de cenizas. Entonces el rey y sus nobles enviaron el siguiente decreto por toda la ciudad: "Nadie puede comer ni beber nada, ni siquiera los animales de las manadas o de los rebaños. Tanto el pueblo como los animales tienen que vestirse de luto y toda persona debe orar intensamente a Dios, apartarse de sus malos caminos y abandonar toda su violencia. ¡Quién sabe!, puede ser que

todavía Dios cambie de parecer, contenga su ira feroz y no nos destruya" (Jonás 3:5-9).

Jonás acababa de iniciar el mayor avivamiento de la historia humana, que implicó a uno de los pueblos más perversos y violentos de todos los tiempos. El pueblo se arrepintió. El rey se arrepintió. Los nobles se arrepintieron. Hasta los animales se arrepintieron, o al menos lo intentaron. El rey mandó que todos hicieran que sus perros, vacas, toros y cabras doblaran sus rodillas en arrepentimiento, porque quería asegurarse de que Dios supiera que era un arrepentimiento serio. Un simple mensaje del evangelio: "Dentro de cuarenta días Nínive será destruida" transformó a una ciudad entera. El evangelista de predicación fatalista acababa de presenciar la respuesta evangelística más grande de la historia de la humanidad, solo porque al final Jonás decidió hacer lo que Dios originalmente le había dicho que hiciera.

Piense en el poder de esta historia. Un rebelde como Jonás, que huye de la presencia misma de Dios, termina siendo el evangelista más grande de todos los tiempos. Sin embargo, casi se lo pierde, porque no podía ver más allá de sus propias necesidades o deseos.

Dios quería que Jonás caminara por fe. Jonás sabía que los ninivitas podían haberlo despellejado vivo y colgado como lección para los demás. En cambio, lo convirtieron para siempre en el predicador documentado en la historia como aquel que dio el mensaje que salvó a toda una ciudad. Dios no siempre nos explica por adelantado qué está haciendo. De hecho, raras veces lo hace. A menudo, Dios quiere que demos un paso de fe primero para que descubramos lo que Él está a punto de hacer. Jonás fue a Nínive, predicó un sermón simple y cambió el curso de toda una nación. Podríamos pensar que Jonás sintió satisfacción en ese momento. Podríamos pensar que se sintió tremendamente bendecido de haber sido rescatado del vientre de un pez, usado por Dios y rescatado de los ninivitas.

Pero Jonás no vio las cosas de esa manera. Jonás no reconoció lo que Dios había logrado por medio de él. El enfoque de Jonás estaba en lo temporal, en lo que podía ver, más que en lo que Dios estaba haciendo en la historia por la eternidad. Lo único que Jonás sabía era que había evangelizado a sus enemigos. Dios les había mostrado misericordia. Y él estaba enojado.

Este cambio de planes molestó mucho a Jonás y se enfureció. Entonces le reclamó al Señor:

—Señor, ¿no te dije antes de salir de casa que tú harías precisamente esto? ¡Por eso hui a Tarsis! Sabía que tú eres un Dios misericordioso y compasivo, lento para enojarte y lleno de amor inagotable. Estás dispuesto a perdonar y no destruir a la gente. ¡Quítame la vida ahora, Señor! Prefiero estar muerto y no vivo si lo que yo predije no sucederá (Jonás 4:1-3).

Este es el momento de la historia cuando Jonás pierde la cordura. Antes había errado, pero en este momento no está hablando nada más que tonterías. Jonás acababa de ver a toda una ciudad ser salva, y le está diciendo a Dios que no quiere que se vayan al cielo; no quiere que ninguno de ellos reciba misericordia.

"¡Quítame la vida ahora, Señor!", dice Jonás. "Prefiero estar muerto y no vivo si lo que yo predije no sucederá". Jonás sabe que si los ninivitas son salvos, él va a tener que tratarlos como hermanos y hermanas. Y no quiere hacer eso. Se había acostumbrado a verlos y tratarlos como enemigos y no quiere que las cosas cambien.

¿Ha conocido alguna vez a alguien que usted no quería que estuviera bien con Dios? Puede que no odiara a esa persona, pero tal vez pensó que si estuviera bien con Dios, usted tendría que tratarla como a un hermano o hermana en Cristo, y no quería hacerlo. Así es como Jonás se sentía. Pero Jonás también se sorprendió. Él sabía que Dios era compasivo. Él lo había dicho y lo había demostrado otras veces; pero es probable que Jonás se sorprendiera de que los ninivitas respondieran al mensaje. Eran demasiado perversos. Sin embargo, este es un gran ejemplo que nos muestra que puede haber personas que pensamos que nunca podrían ser salvas, pero tal vez están a punto de serlo y solo necesitan escuchar algo de usted.

Nunca sabremos lo que Dios está haciendo internamente mientras estemos en silencio externamente. Tal vez usted tenga un sobrino, cuñado, vecino, compañero de trabajo o amigo que está al borde de la eternidad, y Dios le ha pedido que abra su boca y le hable de Él. No se fije en lo que usted puede ver, porque Dios a menudo trabaja entre bambalinas para preparar a cada persona a fin de que responda a Él.

Jonás vuelve a cuestionar a Dios

Dios respondió al enojo de Jonás con una pregunta. Dios le preguntó: "¿Te parece bien enojarte por esto?" (Jonás 4:4).

No era una pregunta que requería una respuesta. Dios le estaba diciendo que solo porque estuviera enojado no significaba que su enojo era justificado. Él quería que Jonás considerara si su enojo era legítimo o ilegítimo. Pero en ese momento, a Jonás no parecía importarle si su enojo era legítimo. Estaba tan furioso en ese momento, que decidió ir al este de la ciudad para hacerse un refugio con la esperanza de que, de todas maneras, Dios destruyera la ciudad.

Sentado bajo la sombra que se había hecho, Jonás esperó para ver lo que Dios estaba por hacer en la ciudad. Seguramente Dios no perdonaría a toda la ciudad. Después de todo, esas personas eran perversas. Mientras Jonás esperaba bajo el sol ardiente, Dios hizo que creciera una planta sobre él para darle más sombra de la que él mismo se había hecho. El texto dice que eso puso contento a Jonás. De modo que ahora Jonás había pasado de estar enojado a estar feliz en el intervalo de unos pocos versículos. Pero Dios decidió encargarle a un gusano que se comiera la planta a la mañana siguiente y le quitara la sombra que le había dado a Jonás. Luego Dios también le encargó a un viento abrasador y al sol ardiente que sofocaran a Jonás. Sofocado por el calor, la felicidad de Jonás se convirtió en desesperación al decir: "¡Es mejor morir que vivir así!" (v. 8).

Jonás pasó de la desesperación al enojo, a la felicidad, a los pensamientos suicidas, todo en cuestión de un día. O Jonás era bipolar o definitivamente Dios estaba tratando con él para enseñarle algo. Creo que fue la segunda opción. Dios estaba tratando con Jonás para que creciera espiritualmente, así como a veces Dios traerá situaciones a nuestras vidas para ayudarnos a crecer espiritualmente. Cuando una persona se enfurece por lo que no debe, en vez de hacerlo por lo que sí debe, está siendo espiritualmente inmadura. Jonás era un profeta, pero estaba actuando como un niño.

Entonces Dios hizo un encargo para enseñarle otra lección. Estamos viendo muchos encargos en la historia de Jonás. En el capítulo 1, Dios le encarga a un gran pez que se trague a Jonás. En el capítulo 4, Dios le encarga a una planta que crezca sobre Jonás. Más tarde, Dios le encarga a un gusano que ataque a la planta. Después de eso, le encarga a un viento abrasador que sofoque a Jonás.

Estos encargos sirven como recordatorios de que las cosas que están sucediendo en nuestra vida podrían no solo ser el resultado de un mal día. Tal vez, no se trate solo de un compañero de trabajo, de un familiar molesto o de una situación negativa. Quizá Dios esté encargando algo a cierta cosa o persona que le rodea para su crecimiento espiritual. La próxima vez, en vez de enfurecerse por una situación o una persona, pídale a Dios que le muestre qué está tramando con dicha prueba. Pídale que le revele qué está tratando de hacerle ver.

Él lo hizo por Jonás. Dios se lo explicó después de que Jonás se quejara, y sin embargo, otra vez se quiso morir porque, esta vez, la planta se marchitó.

Sientes lástima por una planta, aunque tú no hiciste nada para que creciera. Creció rápido y murió rápido. Pero Nínive tiene más de ciento veinte mil habitantes que viven en oscuridad espiritual, sin mencionar todos los animales. ¿No debería yo sentir lástima por esta gran ciudad? (vv. 10-11).

Mientras Dios cuidara de Jonás, él estaba contento. Pero tan pronto como Dios quisiera cuidar de otros, Jonás se enojaba; porque no tenía el corazón de Dios. De hecho, muchos de nosotros no tenemos el corazón de Dios. Si estamos contentos solo cuando Dios está haciendo algo por nosotros, si nunca queremos que haga algo por otros, entonces no tenemos su corazón.

Usted no puede esperar ser un receptor de la gracia de Dios y negarse a ser un canal de su gracia. Si usted no está dispuesto a ser un canal de la gracia de Dios, tampoco la recibirá. Usted no puede decir a Dios: "Sé bueno conmigo, pero no me pidas que sea bueno con otros". No funciona de esta manera. Dios quiere bendecirle, pero primero quiere ver si puede bendecir a otros a través de usted. El mundo no necesita más cristianos estreñidos. Reconozco que la ilustración es burda, pero espero que entienda lo que quiero decir. Una verdadera bendición es aquella que se recibe con el objetivo de que fluya a través de nuestra vida para ministrar y bendecir a otros también.

La historia de Jonás no termina con él sentado en una ladera, triste porque el pueblo al que le había predicado en realidad había respondido. La conclusión de la historia de Jonás se encuentra en varios libros posteriores de la Biblia: en el Nuevo Testamento.

Un día, algunos maestros de la ley religiosa y algunos fariseos se acercaron a Jesús y le dijeron:

—Maestro, queremos que nos muestres alguna señal milagrosa para probar tu autoridad.

Jesús les respondió:

—Sólo una generación maligna y adúltera exigiría una señal milagrosa; pero la única que les daré será la señal del profeta Jonás. Así como Jonás estuvo en el vientre del gran pez durante tres días y tres noches, el Hijo del Hombre estará en el corazón de la tierra durante tres días y tres noches. El día del juicio los habitantes de Nínive se levantarán contra esta generación y la condenarán, porque ellos se arrepintieron de sus pecados al escuchar la predicación de Jonás. Ahora alguien superior a Jonás está aquí, pero ustedes se niegan a arrepentirse (Mateo 12:38-41).

Este pasaje ocurre inmediatamente después que Jesús liberase a un hombre poseído por demonios. Jesús no solo liberó al hombre, sino que abrió sus ojos para que pudiera ver y abrió su boca para que pudiera hablar. Pero los fariseos no estaban satisfechos con los milagros. Ellos querían más. De modo que le pidieron a Jesús que hiciera algo más para demostrarles que Él era quien decía ser.

Sin embargo, Jesús detectó la argucia de los fariseos. En realidad, ellos no estaban buscando una señal en absoluto. Ellos tan solo estaban buscando otra razón para acusarle. Sin embargo, Él decidió darles la señal de Jonás. Cuando Jonás salió del vientre del pez después de tres días y tres noches, una de las naciones más perversas del mundo se arrepintió inmediatamente. Las cosas cambiaron drásticamente. Jesús les explicó a los fariseos que alguien mayor que Jonás estaba en medio de ellos y que debían estar atentos a lo que estaba por ocurrir.

Esto nos trae algunas buenas nuevas a usted y a mí. Si un rebelde predicador llamado Jonás pudo cambiar toda una ciudad con la predicación de la palabra simple y directa de Dios, ¿cuánto más cambio puede provocar Jesús cuando sus palabras se hacen manifiestas en nuestras vidas?

Si Jonás, tan quebrantado y confundido como estaba, pudo provocar un cambio como ningún otro en toda la historia, no deberíamos tener ninguna duda de que Jesucristo, tan perfecto e inmaculado como es, puede cambiar cualquier situación de nuestra vida que necesite ser restaurada.

"Alguien superior a Jonás está aquí", amigo. Y Él tiene todo el poder, la gracia, misericordia y sabiduría que usted necesita para superar cualquier situación que esté afrontando, ya sea usted como Jonás en medio de la tempestad, en el vientre del pez, sentado en la ladera... o incluso si usted mismo es como un ninivita. Todo está disponible para redimirle dondequiera que esté si simplemente se lo permite. La compasión de Dios es nueva cada mañana. Grande es su fidelidad. Le animo a ser como Moisés, Rahab, Jacob e incluso Jonás. Tómele la palabra a Dios y comience a vivir el destino que Dios ha dispuesto para usted hoy.

Nunca es demasiado tarde para que Dios cambie las circunstancias. No tome desvíos como Jonás.

Responda a Dios desde el principio.

CAPÍTULO CINCO

Ester era una diva

Ester era una diva. Se la describe como una joven "muy hermosa y atractiva" (Ester 2:7). La Nueva Versión Internacional dice que Ester "tenía una figura atractiva y era muy hermosa".

El nombre Ester significa literalmente "estrella". Si Ester viviera hoy, tendría su propio *reality show*, llamado *Las vivencias de Ester*, que el público podría sintonizar diariamente para ver a la diva en acción. Podríamos ver continuamente sus fotos en las portadas de las revistas *W* y *Vogue*. La prensa sensacionalista publicaría notas sobre ella: "¿Luce Ester demasiado delgada?", "¡Ester tiene una pancita de embarazada!", "Cómo se viste Ester y dónde compra su ropa".

Ester no era simplemente agradable a la vista. No solo era bonita. No, Ester era mucho más que eso. El texto deja claro que ella era más que bonita. Ester era hermosa. Cualquiera que haya sido el acervo genético que dio origen a Ester, definitivamente la favoreció porque, como dice la gente de mi ciudad, era *guapa*. Para decirlo bien, habría que agregarle signos de exclamación. ¡Ester era *guapa*!

Sin embargo, aunque Ester era muy hermosa y atractiva, su vida comenzó con una difícil batalla. Huérfana desde niña, Ester —también conocida como Hadasa— fue adoptada por un pariente llamado Mardoqueo. Ester 2:7 dice que Mardoqueo crió a Ester como su propia hija. Sin duda, ambos vivieron una vida difícil como minoría y exiliados en una tierra extraña.

Sin embargo, a pesar de la dura realidad de la existencia de Ester, su historia ha perdurado por más de 2.500 años como un relato de la belleza, el heroísmo e incluso, en parte, del comportamiento de una diva. Cuando Ester se enfrentó al reto de arriesgar su propia vida para, potencialmente, salvar la vida de otros, inicialmente puso reparos. Se hizo la diva y respondió con evasivas. Fue en ese momento cuando Mardoqueo la retó a pensar más allá de sí misma y le dijo una frase que podría ser más famosa que la de Bogart: "Esta va por ti, muñeca".

Mardoqueo le dijo: "Si te quedas callada en un momento como este, el alivio y la liberación para los judíos surgirán de algún otro lado, pero tú y tus parientes morirán. ¿Quién sabe si no llegaste a ser reina precisamente para un momento como este?" (Ester 4:14).

Para un momento como este.

Esta frase citada en iglesias y grupos de hogar, y publicada en boletines, revistas y libros cristianos, sintetiza el poder del destino personal y apela a la esperanza que todos llevamos dentro. Esto se debe a que, en lo profundo de cada uno de nosotros, existe el deseo de experimentar un propósito y significado más allá de nuestro entendimiento y nuestras propias capacidades y decisiones. Hemos sido creados para *esto*. Queremos nuestra propia vivencia de la experiencia de Ester. Tal vez por eso la historia de Ester atrae a una audiencia tan amplia. En la historia de Ester, nos enfrentamos al potencial de nuestra propia historia de vida y providencia divina.

El poder de la providencia

La providencia es la mano de Dios en el guante de la historia. En ninguna parte de la Biblia se ven las invisibles huellas de Dios más claramente que en el libro de Ester. De hecho, Ester es el único libro de la Biblia donde la huella de Dios es la única evidencia de su presencia. Ni siquiera incluye su nombre. Si usted empieza a leer desde el primer versículo hasta el último capítulo de Ester, no encontrará el nombre de Dios ni siquiera una vez. No podemos decir eso de ningún otro libro de la Biblia.

No solo no encontramos el nombre de Dios, sino que tampoco hay ninguna referencia al sacrificio, adoración o servicio del pueblo para con Dios. No hay referencia a la Palabra de Dios, ni siquiera a sus leyes. Esta ausencia provocó inquietud cuando se recopilaron los libros del Antiguo Testamento. Después de todo, ¿cómo podría Dios ser autor de un libro que ni siquiera menciona su nombre?

Sin embargo, aunque el nombre de Dios no esté presente en el libro de Ester, encontramos sus huellas por todos lados. El término teológico para esto es *providencia*. La providencia es la obra de Dios mediante la cual Él integra y combina circunstancias a fin de cumplir su designio original. La providencia es Dios sentado al timón de la vida. Se refiere al control que Dios ejerce sobre todas las circunstancias de modo tal que se cumpla el fin que Él ha diseñado. La providencia es el uso que Dios hace de lo que comúnmente se llama suerte, casualidad, coincidencia o errores, a fin de hilvanar cada una de las circunstancias en el tapiz de su propósito.

Las maniobras providenciales de Dios a menudo ocurren detrás del telón. Como el gran y poderoso Oz detrás del telón, no siempre vemos directamente lo que Dios hace. A diferencia del gran mago de Oz detrás del telón, Dios no es falso, y siempre *está* directamente implicado en lo que está sucediendo.

Sin embargo, a veces caratulamos de error lo que Dios ha hecho a propósito. Las circunstancias podrían parecer totalmente absurdas en el reino visible cuando son perfectamente razonables en el reino espiritual, porque han sido diseñadas para el cumplimiento del perfecto plan de Dios.

Cada miércoles en la noche en nuestra iglesia, dedico un tiempo a responder preguntas sobre la Biblia a la congregación. Es más informal que cuando predico un sermón. En estas reuniones, escucho lo que hay en el corazón de los miembros de la iglesia y abordo asuntos prácticos de la vida cristiana.

No hace mucho tiempo, una de las preguntas era por qué el nombre de Dios no aparece en el libro de Ester. Nadie sabe la respuesta a ciencia cierta, pero sabemos que cuando transcurría la historia de Ester, el pueblo de Dios estaba viviendo fuera de la voluntad de Dios. Él había mandado a los israelitas irse de Babilonia y regresar a Israel; pero muchos de ellos no volvieron, sino que decidieron quedarse donde habían llegado a estar cómodos. Vivir como una cultura minoritaria en una tierra extraña debió de haber sido retador. Pero a pesar de eso, el pueblo de Israel se había acostumbrado a su forma de vida, su comunidad y sus actividades cotidianas. Se habían llegado a sentir como en casa fuera de la voluntad de Dios. De hecho, se habían sentido como en casa hasta tal punto, que el mismo Mardoqueo, conscientemente, colocó a Ester en una posición de compromiso moral; una situación donde ella debería acostarse con el rey sin estar casada con él.

La gente puede empezar a sentirse como en casa fuera de la voluntad de Dios. Así como Jonás se quedó dormido en medio de la tormenta estrepitosa que Dios había enviado para sacudirle, una persona puede llegar a sentirse tan cómoda fuera de la voluntad de Dios que le parece que sería demasiado problema volver a estar en ella.

Dado que el libro de Ester tiene lugar en el contexto de un pueblo que vive fuera de la voluntad de Dios, así como por otras razones, Dios renuncia a su lugar y ni siquiera permite que su nombre se use en el libro. Sin embargo, aun sin la mención directa del nombre de Dios, este libro contiene algunos de los principios espirituales más profundos e importantes. Si usted realmente comprende y se adueña de los principios que se encuentran en el libro de Ester, pueden literalmente cambiar el rumbo de su vida. Si una niña huérfana extranjera llamada Ester pudo llegar a ser reina de un imperio, no hay nada que Dios no pueda hacer.

La licuadora cósmica de Dios

Probablemente usted tenga una licuadora en su cocina. Las licuadoras han sido diseñadas exclusivamente para tomar alimentos independientes y unirlos, integrarlos, aglutinarlos, mezclarlos y combinarlos para crear algo nuevo y mejor de lo que cualquiera de los productos sería individualmente.

Quiero que conste que no cocino. De hecho, me metí en problemas por poner agua a hervir e irme a dormir una siesta sin apagar el fuego. Sin embargo, aunque no puedo afirmar que sé cocinar, sé que una licuadora une diferentes ingredientes y los combina hasta formar algo totalmente nuevo. Coloque algunos cubitos de hielo, fresas, jugo de naranja y una banana en una licuadora, y el resultado final es un licuado de frutas más sabroso que cualquiera de los productos individuales.

Lo que una licuadora hace en una cocina, Dios lo hace en su universo. Dios es la "licuadora" perfecta. Él tiene una asombrosa capacidad de tomar cosas, al parecer sin ninguna relación, y unirlas para formar algo superior, mejor y más bello de lo que cada una era por sí sola. Y ninguna historia de la Biblia ilustra mejor la capacidad de Dios de hacer eso que la historia de Ester. En Ester, observamos que Dios intersecta perfectamente la trama y los personajes a fin de cumplir su propósito deseado.

Vasti es destituida

La primera parte de la historia de Ester nos relata el momento en que Asuero, rey de Persia, que reinaba desde la provincia de India hasta Etiopía, decide hacer un banquete. De hecho, Asuero no hizo solamente un banquete. Este rey fiestero hizo al menos cinco banquetes, todos registrados en los primeros dos capítulos de Ester.

En los banquetes de Asuero, los hombres estaban en un lugar y las mujeres, en otro. Una noche, mientras estaba bebido, Asuero mandó a siete eunucos a traer a su reina Vasti para que lo acompañara en la fiesta. Asuero quería exponer la belleza de Vasti ante todos los hombres de la fiesta. Ahora bien, cuando una persona se embriaga, deja de pensar racionalmente y, a veces, hace cosas impredecibles, como convocar a su esposa para mostrarla orgullosamente delante de los demás hombres ebrios de la fiesta. Es muy probable que para Vasti significara mucho más que desfilar con provocación una que otra vez. Es probable que significara alguna forma de destape o revelación que, al parecer, a Vasti le molestaba.

Sabemos que Vasti no quiso obedecer la orden de Asuero, porque en Ester 1:12 leemos que se negó. "No, no voy a ir", dijo Vasti (en mi paráfrasis de Tony Evans). "Eres un iluso, Asuero, si piensas que voy a ir y a exponerme frente a los silbidos de tus amigos. Ni lo pienses".

La negación de Vasti disgustó tanto a Asuero que "lo hizo arder de enojo" (v. 12). Entonces les preguntó a los príncipes qué debería hacerse con una reina que se negaba a acudir a su llamado. Esta pregunta recibió una respuesta bien pensada de uno de los príncipes llamado Memucán.

> La reina Vasti ofendió no sólo al rey sino también a cada noble y ciudadano del imperio. Ahora, en todas partes, las mujeres comenzarán a despreciar a sus maridos cuando se enteren de que la reina Vasti se negó a presentarse ante el rey. Antes de que termine este día, las esposas de todos los nobles del rey en toda Persia y Media oirán lo que hizo la reina y empezarán a tratar a sus maridos de la misma manera. Nada pondrá fin a su desprecio y enojo. Así que, si al rey le agrada, sugerimos que emita un decreto por escrito, una ley de los persas y los medos que no pueda ser revocada. Debería ordenar que la reina Vasti sea excluida para siempre de la presencia del rey Jerjes y que el rey elija otra reina más digna que ella (Ester 1:16-19).

Básicamente, Memucán le dijo que se difundiría la noticia por todo el reino de que la esposa del rey se había revelado contra él y le había negado su pedido, y eso daría lugar a que todos tuvieran problemas con sus esposas también. Las mujeres comenzarían a marchar o protestar, porque si Vasti no respondía a los pedidos de su esposo, ninguna lo haría. Los príncipes le advirtieron que si el rey no podía manejar su propia casa, provocaría una situación terrible para todos los hombres de cada una de las 127 provincias que él gobernaba. Después de escuchar el consejo del príncipe, Asuero se deshizo rápidamente de Vasti. La echó de su reino y la destituyó de su función y su presencia por el resto de su vida. Sin embargo, no mucho después de eso, la fiesta terminó y nuestro rey volvió en sí. Una vez que se le pasó la borrachera y el enojo, Asuero pensó en lo que había hecho. Leemos: "Una vez que se le pasó el enojo, Jerjes comenzó a pensar en Vasti y en lo que ella había hecho, y también en el decreto que él había firmado" (Ester 2:1).

En otras palabras, recobró la razón. Había perdido la razón temporalmente y había firmado un decreto del que ahora se arrepentía. No obstante, el problema era que la ley de los medos y persas simplemente establecía que cuando el rey firmaba un decreto, nadie —ni si quiera el mismo rey— podía revocarlo.

En un período de tan solo unos días, Asuero había pasado de estar de fiesta y embriagarse a estar solo y deprimido. Había echado a su bella esposa Vasti, y ahora la extrañaba. Así que a los servidores del rey se les ocurrió otra idea.

Busquemos en todo el imperio jóvenes hermosas y vírgenes para el rey. Que el rey nombre delegados en cada provincia para que reúnan a esas hermosas jóvenes en el harén real en la fortaleza de Susa. Hegai, el eunuco del rey a cargo del harén, se ocupará de que todas ellas reciban tratamientos de belleza. Después, la joven que más agrade al rey será reina en lugar de Vasti (Ester 2:2-4).

En vez de estar todo el día pensando en su lamentable decisión, sus asistentes le sugirieron que simplemente comenzara su propia búsqueda de la próxima *Miss* a coronar como reina. Seguramente, había otras mujeres como Vasti que podían ser esposa de él. Y para que fuera más fácil, se ofrecieron incluso a salir de gira y llevar a cabo selecciones preliminares en cada provincia del reino. Él no tendría que hacer nada. La mejor entre las mejores recibiría un pasaje a Susa en su búsqueda por ser coronada como la próxima reina de Asuero.

A Asuero pareció gustarle la idea de ser protagonista de una temporada de *El Rey soltero*, y dio la orden de que sus asistentes comenzaran la búsqueda de la afortunada, que sería la última postulante a quien él le entregaría su rosa colorada.

El episodio 1 comenzó cuando Ester causó una gran primera impresión en aquellos que podían favorecer o afectar su destino.

Como resultado del decreto del rey, Ester, junto con muchas otras jóvenes, fue llevada al harén del rey en la fortaleza de Susa y entregada al cuidado de Hegai. Hegai quedó muy impresionado con Ester y la trató con mucha amabilidad. Enseguida ordenó que le prepararan una dieta especial y se le hicieran tratamientos de belleza. También le asignó siete doncellas escogidas especialmente del palacio del rey, y la trasladó junto con ellas al mejor lugar del harén. Ester no le había revelado a nadie su nacionalidad ni su trasfondo familiar porque Mardoqueo le había ordenado que no lo hiciera (vv. 8-10).

Vemos a través de este pasaje que Mardoqueo le había dejado claro a Ester que todo lo que debía hacer era presentarse y lucir bella, pero que no debía decirle a nadie que era israelita. Hacer eso en Susa no hubiera sido bueno para ella. De modo que Ester siguió el consejo de Mardoqueo y, de ese modo, halló favor con Hegai, quien no solo le dio un trato preferencial en cuanto al lugar, los tratamientos de belleza y su alimentación, sino que, más adelante, le daría consejos para cuando se presentara delante del rey de Persia.

En el episodio 2 encontramos a Ester y a todas las demás aspirantes a esposa mientras pasan los doce meses siguientes en el harén y se hacen todos los tratamientos de belleza que había en esa época.

> Antes de ser llevada a la cama del rey, a cada joven se le hacían obligatoriamente tratamientos de belleza durante doce meses: los primeros seis con aceite de mirra, y los siguientes con perfumes y ungüentos especiales (v. 12).

Cada mujer pasaba seis meses en cada régimen de belleza, pero como ya hemos visto, Ester había hallado favor con Hegai, el eunuco a cargo de las mujeres. Así que, durante ese tiempo, Ester recibió no solo los mejores tratamientos de belleza, sino además la mejor alimentación. Después de los doce meses de preparación, llegamos al episodio 3, cuando llega el momento de que Ester se presente delante del rey.

> Cuando llegaba el momento para presentarse en el palacio del rey, se le permitía elegir la ropa y las joyas que quisiera llevarse del harén. Esa noche la llevaban a las habitaciones privadas del rey, y a la mañana siguiente, la pasaban a un segundo harén, donde vivían las esposas del rey. Allí quedaba al cuidado de Saasgaz, el eunuco del rey que se ocupaba de las concubinas. Jamás volvía a la presencia del rey a menos que a él le hubiera agradado de manera especial y la mandara llamar por su nombre.
> Ester era hija de Abihail, tío de Mardoqueo. (Mardoqueo había adoptado como hija a su prima menor, Ester). Cuando a Ester le llegó el turno de ser llevada ante el rey, ella siguió el consejo de Hegai, el eunuco encargado del harén. No pidió nada aparte de lo que él le sugirió, y todos los que la veían, la admiraban. Llevaron a Ester ante el rey Jerjes, en el palacio real, a comienzos del invierno del séptimo año de su reinado (Ester 2:13-16).

Cuando llegó el momento de que Ester fuera al palacio a visitar al rey, decidió llevar solo lo que Hegai, el eunuco del rey, le había aconsejado que llevara. Hegai sabía qué agradaría al rey, y puesto que Hegai favorecía a Ester, la envió al rey con todo lo que podría ayudarla a causar la mejor impresión en él. Y su plan dio resultado. El cuarto episodio nos muestra la decisión del rey. "Y el rey amó a Ester más que a todas las demás jóvenes. Estaba tan encantado con ella que le puso la corona real sobre la cabeza y la declaró reina en lugar de Vasti" (v. 17). Ester se había ganado tanto el título como la corona de reina junto al rey Asuero. Pero recuerde: solo estamos en el cuarto episodio. Hay mucho más de esta etapa que aún debe desarrollarse.

La aparición de Amán

La etapa entra en tensión al ver la aparición de otro personaje de la historia, llamado Amán. En el capítulo 3 de Ester, vemos que el rey Asuero ha ascendido a Amán a una posición alta. De hecho, la posición de Amán es tan alta que su sola presencia demanda una respuesta de los funcionarios del rey. Sin embargo, como leeremos en el versículo 2, Mardoqueo —el pariente de Ester— se niega a inclinarse delante de él: "Todos los funcionarios del rey se inclinaban ante Amán en señal de respeto cada vez que él pasaba porque el rey lo había ordenado; pero Mardoqueo se negó a inclinarse ante él o a rendirle homenaje".

La negación de Mardoqueo a rendirle homenaje, además del hecho de que era un extranjero, enfureció a Amán. De hecho, Amán estaba tan furioso que no se conformaba solo con hacer que Mardoqueo sufriera por su decisión. Amán decidió hacer que todo el pueblo de Mardoqueo —los judíos— también sufriera. Es más, Amán ideó un plan para aniquilar a los judíos.

De modo que ahora tenemos a un rey persa que destituyó a su reina por no responderle de la manera que él quería. Hemos conocido a una bella muchacha —Ester, la huérfana judía— que llamó la atención del rey y se convirtió en reina del imperio. También tenemos al malvado Amán, que ha sido ascendido a una posición que requiere que otros se inclinen delante de él. Y además tenemos a otro hombre —Mardoqueo, un primo de la reina— que se niega a inclinarse delante de Amán. Ahora bien, Amán quiere matar a una raza entera; la misma raza de la bella reina, porque un hombre de esa raza pisoteó su orgullo. Y solo vamos por la mitad de la historia. El libro de Ester, hasta aquí, relata una historia de intriga, suspenso, lealtad, orgullo, amor, reto y belleza. Básicamente, es una novela intercalada entre Nehemías y Job.

Al avanzar algunos episodios más, llegamos al final del capítulo 3 y el decreto irreversible del rey de aniquilar a los judíos. Cuando Mardoqueo escucha la inminente fatalidad que llegaría sobre su pueblo, todo por no arrodillarse delante de Amán, se rasga la ropa, se viste de tela áspera y se echa cenizas; luego va hasta el centro de la ciudad y llora desconsoladamente en público. Dado que se sentía personalmente responsable, Mardoqueo envía un mensaje a Ester y le da una copia del texto del edicto que declara la inminente destrucción de los judíos, con la esperanza de que ella se presente delante del rey y le suplique que haga algo.

Mardoqueo le había dicho a Ester que no revelara que era judía. Pero ahora ella está viviendo en el palacio con el rey cuando se ha programado el genocidio de los judíos; de modo que Mardoqueo le dice que ahora es tiempo de revelar su verdadera identidad. El rey la escogió por una razón. Seguramente, él escuchará su súplica.

Ester, abatida por su primo y su pueblo, envía un mensaje de respuesta a Mardoqueo para explicarle que está imposibilitada de hacer algo para detener el decreto. Los decretos no pueden revocarse, y todos saben que cualquiera que se presente delante del rey sin haber sido invitado se arriesga a que lo maten. Básicamente, Ester se pone en el papel de diva y le explica a Mardoqueo que él no entiende cómo funcionan las cosas en el palacio. Una persona en la posición de Ester no se presenta simplemente en presencia del rey y le dice lo que está pensando. De hecho, Ester llega a decirle a Mardoqueo que ella y el rey ni siquiera han tenido relaciones sexuales últimamente. Pasó un mes, y el rey ni siquiera pidió verla.

> Todos los funcionarios del rey e incluso la gente de las provincias saben que cualquiera que se presenta ante el rey en el patio interior sin haber sido invitado está condenado a morir, a menos que el rey le extienda su cetro de oro. Y el rey no me ha llamado a su presencia en los últimos treinta días (Ester 4:11)

Ester sabe que ha pasado de los harapos a la opulencia; de una choza al palacio. Ella solía lavar su propia ropa a mano, y ahora tiene criadas que le lavan la ropa. Solía ir a buscar su propio cántaro de agua, pero ahora se sumerge diariamente en cálidos baños preparados para ella. Ha intercambiado sus zapatos de calle por una carroza *Mercedes* y ha cambiado la tienda de productos económicos por una tienda de lujo. Estas cosas no son malas, pero Ester ha comenzado a creer su propio análisis. Ha adoptado el significado de su propio nombre: que es una estrella. De modo que presentarse delante del rey sin ser invitada para ayudar a otros es demasiado riesgoso para una estrella. Después de todo, Ester podría perder más de todo lo que tiene; podría perder su propia vida. De modo que, palabras más palabras menos, Ester le dice a Mardoqueo: "No, de ningún modo".

Mardoqueo recibe la nota de Ester y le envía otra nota en respuesta. Esta es la niña que él había rescatado de una terrible situación. Esta es la prima que consideraba su propia hija. Mardoqueo no iba a recibir un *no* como respuesta final de Ester.

> No te creas que por estar en el palacio escaparás cuando todos los demás judíos sean asesinados. Si te quedas callada en un momento como este, el alivio y la liberación para los judíos surgirán de algún otro lado, pero tú y tus parientes morirán. ¿Quién sabe si no llegaste a ser reina precisamente *para un momento como este*? (vv. 13-14).

Mardoqueo le recuerda a Hadasa, ahora conocida únicamente como Ester, que aunque está viviendo una vida de lujo en el palacio, no escapará de la ira de Amán como ningún judío del reino. Un edicto del rey es un edicto final. Más que eso, Mardoqueo le recuerda a Ester que aunque podría estar en una posición única para ayudar a su pueblo, si no se ofrece para liberarlos, Dios buscará a otra persona que pueda hacer el mismo trabajo. Mardoqueo le recuerda a Ester que ella no es indispensable. Y que si no coopera con Dios, Él buscará a otra persona que lo haga. Asuero ya se deshizo de una esposa, Vasti, en el lapso de una fiesta. Deshacerse de la segunda podría no ser tan difícil.

Mardoqueo estaba tratando de ayudar a Ester a buscar la relación entre su belleza, su oportunidad y el reino de Dios. Ella aún no había entendido que su apariencia y su posición estaban vinculadas a un propósito del reino. Todo lo que ella pensaba era lo afortunada que era por poder vestir y lucir bien, y llamar la atención del rey. Pero Dios había situado específicamente a Ester en una posición de influencia, y había combinado su trasfondo, historia y personalidad de tal manera para liberar a su pueblo. No tenía que ver solo con su ropa fina, muebles, estilo de vida, peinados y cuenta bancaria. El favor que Ester había recibido tenía que ver con mucho más que todo eso.

Para un momento como este

Reconozco que esta historia sucedió hace mucho tiempo en un reino muy lejano, pero los principios son tan relevantes como si sucediera hoy. ¿Ha pensado alguna vez que tal vez Dios lo ha colocado aquí, en su reino terrenal, *para un momento como este*? ¿Ha pensado alguna vez que todo lo que ha sucedido en su vida hasta ahora—lo bueno, lo malo y lo feo— ha sucedido para un propósito específico? Si lo único que usted ve es lo que ve, aún no ha visto el reino.

El reino de Dios implica su autoridad, sus propósitos y su agenda. En el reino, hay un principio general: somos bendecidos para ser de bendición. Somos libres para liberar a otros. Somos redimidos para redimir.

Tal vez usted ha sido bendecido con una educación excelente, o una buena apariencia, o incluso una buena vida. No importa lo que Dios le haya dado —ya sea un talento, un don o una capacidad distintiva en la vida—, Él lo ha hecho a propósito. Él no quiere que acapare sus bendiciones, sino que use la posición que Él le ha dado para cumplir sus propósitos en la vida de quienes le rodean.

Ester tenía temor a presentarse delante del rey porque pensaba que hacerlo era motivo de preocupación. Si él no le extendía su cetro, ella podía perder la vida. Pero los temores de Ester estaban enraizados en una cosa: Ester. Cuando lo que más nos importa es nuestra propia vida, aunque estemos en el reino, no entenderemos en absoluto el sentido del reino. Así como Ester casi no lo entiende, no entenderemos el alcance del destino del reino de Dios para nosotros.

Después de la respuesta de Mardoqueo, finalmente Ester lo entendió. Relacionó quién era ella y la posición que ocupaba para los propósitos de Dios. Cuando lo entendió, le envió una respuesta muy diferente a Mardoqueo.

> Ve y reúne a todos los judíos que están en Susa y hagan ayuno por mí. No coman ni beban durante tres días, ni de noche ni de día; mis doncellas y yo haremos lo mismo. Entonces, aunque es contra la ley, entraré a ver al rey. Si tengo que morir, moriré (Ester 4:16).

La gente a menudo corre riesgos en la vida por un trato comercial, una ilusión o incluso una relación. ¿Por qué no correr riesgos por Dios? Ester lo hizo. Ella decidió correr el riesgo; con la debida planificación y preparación.

El plan de Ester implicaba pedir a todos los judíos de Susa que ayunaran y oraran por ella durante tres días y tres noches. Ella y sus criadas también orarían y ayunarían. Después de eso, ella se presentaría delante del rey y arriesgaría su vida para salvar a su pueblo.

Mientras Ester estaba haciendo planes para visitar al rey, no sabía que una vez más Dios estaba utilizando su licuadora cósmica en esa situación. Lo único que Ester podía ver era que en unos pocos días tenía que acercarse a un hombre que no había mostrado interés en ella durante los pasados treinta días. No solo eso, sino que tenía que acercarse a un hombre que había expulsado a su esposa anterior solo porque una noche en la que él se embriagó, ella no hizo lo que le pidió. Este es el mismo hombre que pudo haber asesinado a Ester tan solo con no extenderle su cetro de oro; el mismo hombre que había concedido los deseos de Amán de aniquilar a todo un pueblo, solo porque Amán quería que lo hiciera.

Aun así, después de tres días, Ester se presentó delante del rey. Estoy seguro de que no se oía ni un solo sonido en la sala mientras Ester hacía su aparición delante de él sin haber sido convocada. Probablemente los segundos parecían minutos o incluso horas mientras la mirada de ambos se cruzaba, y Ester esperaba la respuesta del rey.

> Cuando vio a la reina Ester de pie en el patio interior, ella logró el favor del rey y él le extendió el cetro de oro. Entonces Ester se acercó y tocó la punta del cetro (Ester 5:2).

Ella había sobrevivido. La primera parte del reto había terminado, y Ester había recibido el favor del rey. Pero la historia no podía terminar ahí. Ester aún debía hablar en nombre de su pueblo. Llegado ese momento, Ester había planeado invitar a cenar al rey y a Amán para poder hablar precisamente de eso. Pero lo que Ester no sabía era que mientras ella se estaba preparando para ese próximo paso —la cena—, Dios estaba trabajando detrás del telón. Amán había decidido fabricar una horca para colgar a Mardoqueo y a su familia como preludio al asesinato de los judíos. Al mismo tiempo, el rey había tenido una noche agitada, y todo en la historia de Ester, hasta ahora, depende de esa noche.

Esa noche el rey no podía dormir, entonces ordenó a un asistente que le trajera el libro de la historia de su reino para que se lo leyeran. En los registros descubrió el relato de cuando Mardoqueo informó del complot que Bigtana y Teres, dos de los eunucos que cuidaban la puerta de las habitaciones privadas del rey, habían tramado para asesinar al rey Jerjes.

—¿Qué recompensa o reconocimiento le dimos a Mardoqueo por este acto? —preguntó el rey.

Sus asistentes contestaron:

—Nunca se ha hecho nada" (Ester 6:1-3).

El rey no podía dormir. Eso podría parecer un detalle menor. Después de todo, estoy seguro de que había muchas noches en las que el rey no podía dormir. Pero lo que importa es que *esa* noche el rey no podía dormir. Esa noche, el rey le pide a alguien que venga a leerle para que se pueda dormir y deje de dar vueltas de un lado al otro. Entonces manda que le lleven el archivo histórico. No hay nada más aburrido que eso. No hay nada como leer las actas de una junta directiva para dormirse.

Pero mientras le leían los archivos, el rey nota algo: que alguien había salvado su vida. El rey piensa que se trataba de un hecho muy importante. Y le pregunta a su criado qué se había hecho con la persona que le salvó la vida. "Nada", responde el criado. Al rey no le gusta para nada eso, de modo que al día siguiente, manda a llamar a Amán y le pregunta qué debería hacerse con alguien al que se desea honrar. Dado que Amán piensa que el rey debe de estar pensando en honrarle a él, le da una gran respuesta.

Debería sacar uno de los mantos reales que haya usado el rey y también un caballo que el propio rey haya montado, uno que tenga un emblema real en la frente. Que el manto y el caballo sean entregados a uno de los funcionarios más nobles del rey y que esta persona se asegure de que vistan con el manto real al hombre a quien el rey quiere honrar y lo paseen por la plaza de la ciudad en el caballo del rey. Durante el paseo, que el funcionario anuncie a viva voz: "¡Esto es lo que el rey hace a quien él quiere honrar!" (vv. 8-9).

El rey concuerda con que es una gran idea. De hecho, dado que Amán tiene todos los detalles tan claros, Asuero decide dejar que Amán lleve a cabo él mismo el plan; con un leve cambio a lo que Amán había imaginado. Este honor le pertenece a Mardoqueo. Mardoqueo, el hombre que Amán estaba por colgar, es ahora a quien el rey le ha ordenado honrar. De la noche a la mañana cambiaron los papeles, simplemente porque el rey no se podía dormir.

Así de grande es Dios. Él trabaja detrás del telón—y mantiene a algunos despiertos cuando deberían dormir— cuando alguien decide dar un paso como Ester y correr el riesgo de ser usado por Él.

Ester no vio a Dios moverse detrás del telón hasta que dio el paso y corrió el riesgo. Una vez que lo hizo, Dios se puso a trabajar para preparar el escenario para el próximo episodio. Proverbios 21:1 dice: "El corazón del rey es como un arroyo dirigido por el Señor, quien lo guía por donde él quiere". Esta es una buena noticia para nosotros. El rey es el hombre más poderoso del mundo, y si su corazón está en las manos de Dios, ¿en manos de quién está el corazón de nuestro jefe? ¿En manos de quién está el corazón de nuestro familiar? ¿En manos de quién están nuestras circunstancias presentes? Si Dios puede dirigir todo un gobierno y salvar a una nación con el solo hecho de mantener despierto al rey, sin duda puede resolver cualquier situación complicada en la que nos encontremos si decidimos dar un paso en fe.

Cuando era más joven, pude ver que Dios trabajaba detrás del telón a mi favor. Cuando estaba en el seminario, trabajaba en el turno de la noche en la estación de autobuses de Trailways. Le decían el turno del hombre muerto, porque duraba toda la noche. Después de un par de semanas de trabajo, me contaron sobre una estrategia que habían maquinado los empleados. Algunos fichaban la entrada de otros que aún no habían llegado, para que pudieran dormir una hora más que el descanso normal permitido. Básicamente, le pagaban por dormir.

Cuando se acercaron a mí y me dijeron cómo funcionaba el sistema, les dije que no podía participar de esa maquinación. Como cristiano, no podía hacer eso. La respuesta de ellos fue simple: "No tienes opción. Todos lo hacen".

Nuevamente respondí: "Lo siento, pero como seguidor de Cristo no puedo participar de esa estafa". No hace falta decir que al resto de los empleados no les gustó eso, y trataron de castigarme por no participar. Por ejemplo, cuando cinco de nosotros debíamos descargar un autobús, los otros cuatro se sentaban y me miraban cómo lo hacía yo solo. Situaciones como esas se repitieron durante todo un mes simplemente por no participar de su engaño.

Pero mientras sucedía eso, Dios estaba trabajando detrás del telón. Una noche, recibí una llamada de la dirección. La persona que me citó a la dirección me dijo que tenían sospechas de lo que estaba sucediendo durante el turno de la noche, y que habían enviado a uno de los supervisores para que fuera a inspeccionar lo que sucedía en la noche. El supervisor notó que la mayoría estaba participando de la estafa menos yo. Como resultado, me ascendieron al puesto de supervisor de la noche sobre los demás.

Mientras descargaba los autobuses yo solo y los otros dormían, Dios estaba trabajando detrás del telón. Dios puede darle una solución, amigo. Confíe en mí. Lo he visto en mi propia vida; no solo en Trailways, sino en muchas situaciones. Dios puede resolver las cosas mientras las personas duermen, así como mis compañeros de la estación de autobús. O, como en el caso del rey Asuero, Él puede resolver las cosas mientras alguien no puede dormir durante toda la noche. Podríamos decir que es suerte, casualidad o coincidencia; pero la providencia es la mano invisible de Dios que orquesta las cosas para bien. Así como Dios ordenó que Rut, una viuda moabita, se relacionara con Booz, quien finalmente se casaría con ella, y así como Dios dispuso que contrataran a la madre de Moisés para que lo criara, Dios se dedica constantemente a conectar personas para llevar a cabo su plan divino.

Cuelgan a Amán

O como en el caso de Amán, Dios puede ordenar las cosas para mal. Leemos que cuando Amán recibió la noticia de lo que iba a tener que hacer por Mardoqueo, el hombre que en unos días sería colgado en su horca, "Amán se apresuró a volver a su casa desalentado y totalmente humillado" (Ester 6:12). Sin embargo, ni siquiera pudo Amán llorar largo y tendido, porque tuvo que ir de prisa al banquete que Ester había preparado para él y para el rey. En el banquete, el rey Asuero le pidió a Ester que le dijera cuál era su petición. "¡Yo te la daré, aun si fuera la mitad del reino!" (Ester 7:2).

Pero Ester le dijo al rey que ella no quería la mitad del reino. Lo que ella quería era salvar su vida y la vida de su pueblo de un ataque maquinado contra ellos. Furioso, el rey le preguntó a Ester: "¿Quién sería capaz de hacer semejante cosa?... ¿Quién podría ser tan descarado para tocarte a ti?" (v. 5). Ester señaló a Amán.

Hacía unas horas Amán estaba llorando, pero ahora estaba aterrado delante del rey y la reina. El rey Asuero salió a los jardines del palacio para tratar de calmar su ira, pero Amán se quedó en el salón para suplicar a Ester por su vida. Al parecer, la súplica de Amán se le fue de las manos.

En su desesperación se dejó caer sobre el diván donde estaba reclinada la reina Ester, justo cuando el rey volvía del jardín del palacio. El rey exclamó: "¿Hasta se atreve a atacar a la reina aquí mismo, en el palacio, ante mis propios ojos?". Entonces, en cuanto el rey habló, sus asistentes le cubrieron la cara a Amán en señal de condena (v. 8).

Inmediatamente sacaron a Amán de la presencia del rey y la reina, y "atravesaron a Amán con el poste que había levantado para Mardoqueo, y la furia del rey se calmó" (v. 10).

Amigos, Dios es capaz de cambiar cualquier situación. La Biblia está llena de ejemplos en los que Dios toma lo que parece una situación irremediable —una situación terminal, una oportunidad perdida— y cambia las cosas. Por ejemplo, piense en José. Le vendieron como esclavo, le tendieron una trampa y lo encarcelaron en Egipto, pero Dios arregló las cosas para que llegara a ser el segundo después del faraón.

Dios cambió las cosas para José en Egipto y para Ester en Susa, y lo hace en nuestras vidas también. Dios dirige nuestros pasos a fin de llevarnos exactamente al lugar donde debemos estar.

Según mis planes, nunca pensé que vendría a Dallas, donde finalmente llegué a ser el primer afroamericano en graduarse del Seminario Teológico de Dallas con un doctorado.

Según mis planes, nunca pensé que me quedaría en Dallas, donde he sido pastor principal de la iglesia Oak Cliff Bible Fellowship por más de treinta y cinco años. Y Dios creyó adecuado abrir puertas a principios de la década de 1980 para que predicara su Palabra mediante un ministerio radial, cuando la mayoría de las estaciones radiales cristianas se resistían a transmitir a predicadores negros para sus oyentes.

Según mis planes, pensé que estudiaría en Indiana. Pero uno de mis profesores colegas vio algo en mí y se ofreció a pagar mi inscripción en una universidad que pensé que ni siquiera era una opción para mí. Yo ni siquiera tenía el dinero para pagar el arancel de inscripción. Pero Dios habló a un profesor de mí, y gracias a eso mi vida siguió un rumbo que nunca imaginé.

No importa cuán imposibles parezcan las cosas, quiero animarle a no rendirse, ni perder jamás la fe en Dios. Él puede resolver cualquier situación y usarla para el bien de los suyos y para que su nombre sea más glorificado. Pero lo que Dios no aprueba son sus aires de diva. Dios no se inclinará ante su *Ester-llato*. Recuerde que el nombre Ester significa "estrella". Y Dios no se deja impresionar por el estrellato de nadie. Después de todo, Él es el único que dio lo que debía dar para llegar hasta ahí. Dios no se impresiona cuando nos saca del fondo y nos lleva a la cima y, sin embargo, no hablamos de su reino. Cuando Dios no se beneficia al bendecirnos, no hemos hecho la relación entre nuestras bendiciones y los propósitos de Él. Dios daba favor a Ester dondequiera que iba; no solo para que ella tuviera favor, sino para que a través de ella, Dios le diera a su pueblo el poder de defenderse del inminente ataque. Dios nunca nos bendice solo para nuestro propio bien. La manera más rápida de interrumpir nuestras bendiciones es reservarlas solo para nosotros.

Nunca sea una diva bendecida, suponiendo que su bendición es solo para usted. Si Dios ve que Él no puede usar su vida para los propósitos de su reino, buscará a otra persona por medio de la cual pueda llegar su poder de liberación. Esta es la advertencia que Mardoqueo dio a Ester al principio.

Vivimos en un mundo presuntuoso, un mundo de celebridades. Pensamos que si tenemos una linda casa, o un lindo auto, o un buen trabajo, o una buena cuenta bancaria, o cualquier cantidad de otras cosas, estamos más allá de dar pasos de fe y arriesgarnos a hacer lo que Dios nos pide que hagamos a favor de otros.

En nuestro cristianismo estilo celebridad, a menudo ponemos nuestra realeza por encima de nuestro servicio. Sí, es verdad que como hijo del Rey, usted es un príncipe o una princesa. Usted es de la realeza. Pero Jesús dijo que Él está buscando siervos, no celebridades. Él dice: "El más importante entre ustedes debe ser el sirviente de los demás" (Mateo 23:11). La persona verdaderamente grande reconoce la oportunidad única que ha recibido y no se olvida de dónde viene esa oportunidad y por qué existe.

Asegúrese de que nunca sea demasiado bendecido para ser de bendición, o demasiado bendecido para que Dios le use. Él quiere bendecirle, pero no quiere que se ponga en el papel de diva cuando Él lo bendice. Él quiere estar seguro de que cuando llegue el momento, usted esté dispuesto a que Él le use para ayudar a otros en su nombre, para su gloria y los propósitos de su reino.

Todos somos valiosos para Dios. Pero algunos de nosotros somos más útiles para Él, lo cual a su vez incrementa el valor que ya tenemos. Por ejemplo, si usted y yo fuéramos a caminar juntos sobre la arena de una playa, estaríamos caminando sobre arena que es gratis. Sin embargo, si quisiéramos comprar parte de esa arena para usarla en la zona de recreo de una escuela, pagaríamos alrededor de 25 dólares por esa arena gratis. Si necesitáramos esa arena como papel de lija para un proyecto de restauración en el que estuviéramos trabajando, estaríamos pagando varios dólares solo por unas cuantas hojas. Y en Silicon Valley, donde las compañías usan arena en el proceso de hacer microcircuitos para computadoras, la arena gratis sobre la cual hemos estado caminando, ahora ha incrementado exponencialmente su valor cuando se la relaciona con los altos costos de los microcircuitos para computadoras. Es una simple ley de economía: cuánto más alta es la utilidad, más alto es el valor. Las bendiciones de Dios en nuestra vida debieran hacernos más que solo bendecidos; debieran hacernos útiles para su reino.

No hay duda de que Ester había sido bendecida. Ella había sido colocada en una posición única cerca del rey, y estaba experimentando todos los beneficios de su favor. Sin embargo, hasta que Ester estuvo dispuesta a usar su estilo de vida para suplir la necesidad de su pueblo debido a su amor por Dios y su fe en Él, las bendiciones de Ester hubieran seguido siendo solo eso: bendiciones y no un destino. Más aún, cuando llegó el momento de hacer cumplir el decreto en contra de los judíos, Ester hubiera perdido las bendiciones que había recibido, incluso su propia vida.

Estimado lector, si usted ha sido una diva —o la versión masculina, un divo—, recuerde quién le ha creado y le ha dado los talentos, habilidades, apariencia, finanzas u oportunidades que tiene. Dios no está interesado en conformarse con celebridades. Antes bien, está interesado en bendecir a siervos cuyos corazones estén consagrados a

Él y comprometidos a usar lo que Él les ha dado para ayudar a liberar a otros.

Mardoqueo le dijo a Ester que ella había llegado a su posición "para un momento como este". Y lo mismo sucede con usted. Dondequiera que esté, deseche los aires de diva. No desempeñe ese papel. En cambio, use lo que Dios le ha dado para ayudar a otros y glorificar su nombre. Dios usó a una diva para salvar a todo un pueblo cuando ella dejó de lado su propia vida y dijo: "Si tengo que morir, moriré".

CAPÍTULO SEIS

Pedro era un apóstata

Pedro era un apóstata. La mayoría de nosotros no usa mucho la palabra apóstata, lo cual probablemente sea algo bueno. Un apóstata es aquel que niega la fe. Pedro evadió a Jesús al negarle y negar todo lo que Él representaba cuando algunas personas empezaron a asediarlo. En el mismo instante en que Pedro negó públicamente a Cristo, todo se le vino abajo. Como un viejo edificio que se derrumba cuando le encienden dinamita en su interior y a su alrededor, instantáneamente todo se vino abajo en la vida de Pedro. Negar la fe como creyente es un pecado ridículo. Y hacerlo no mucho después de haber presumido de que moriría por la fe, es un pecado aún más grave.

Pedro siempre había desempeñado el papel del Sr. Hombre Duro en el escuadrón de los discípulos. Era un palabrero, que a menudo articulaba sus palabras con objeto de sobresalir. Era dedicado, esforzado y leal. O al menos eso decía él.

Nuestra historia comienza cuando Jesús preparaba a los discípulos para su muerte. Había estado hablándoles sobre el día cuando ya no estaría con ellos. Las cosas serían diferentes, y Él quería que ellos entendieran que Aquel que los había mandado a internarse en el mar y les había dado la pesca más grande de su vida, en breve no estaría más con ellos. Aquel que había alimentado a miles en el desierto con el simple almuerzo de un muchachito, en breve ya no estaría. Aquel que había echado fuera demonios y sanado a los enfermos, ya no estaría entre ellos. Así que Él quería asegurarse de que sus discípulos hubieran aprendido lo que les había enseñado: que el amor auténtico se expresa a través del servicio y no solo con palabras.

Jesús sabía que los tiempos iban a ser difíciles y que los discípulos iban a necesitarse unos a otros. Él también sabía que cuando surgen dificultades, la tentación es echarse atrás; de modo que, si alguno de los discípulos se echaba atrás en la adversidad, dejaría a los demás sin salida. Entonces, la noche antes de su crucifixión, Jesús habló con sus discípulos de la adversidad inminente y les advirtió que todos se esparcirían debido a eso.

Sin embargo, Pedro negó con vehemencia que alguna vez haría algo así. Pedro, a quien nunca le faltaban las palabras, desde luego habló de más. Tanto Lucas como Mateo registraron la respuesta de Pedro. En Lucas 22:33 leemos: "Señor, estoy dispuesto a ir a prisión contigo y aun a morir contigo". Y en Mateo 26:33 leemos: "Aunque todos te abandonen, yo jamás te abandonaré". Mi paráfrasis según Tony Evans dice: "Eso no va a suceder, Jesús. Yo te cubro las espaldas. Puedes contar con este compinche. Todo está bajo control".

No importa cómo interpretemos la respuesta que Pedro le dio a Jesús aquella noche, una cosa es cierta: era rotundo en su afirmación de que apoyaría a Jesús contra viento y marea. Sin embargo, lo que se hace en público habla más que lo que se dice en privado, y lo que Pedro iba a hacer pronto demostraría que era un mentiroso.

En Lucas 22:31-32 leemos que Jesús le dijo: "Simón, Simón, Satanás ha pedido zarandear a cada uno de ustedes como si fueran trigo; pero yo he rogado en oración por ti, Simón, para que tu fe no falle, de modo que cuando te arrepientas y vuelvas a mí fortalezcas a tus hermanos". Jesús le dijo a Simón que Satanás había pedido permiso para zarandear a todos los discípulos como si fueran trigo.

Pero Jesús se concentró en Simón, y le dijo que estaba orando por él específicamente —para que su fe no falle—, porque Él tenía un propósito para Simón después de que pasara la confusión. Él quería que Simón fuera y fortaleciera a sus hermanos, que se habrían esparcido por temor.

Un principio que no quiero pasar por alto demasiado rápido es que Satanás tenía que pedir permiso para molestar a los discípulos de Cristo antes de poder hacerlo. Zarandear el trigo significaba separar la cáscara del grano. Básicamente, alteraba lo existente, lo cual hacía imposible reparar el trigo a su estado original. De donde yo vengo, no diríamos que Satanás había pedido permiso para "zarandearlos como a trigo", sino para "hacerlos polvo". Sin embargo, es una verdad reconfortante saber que Satanás no puede zarandearnos como a trigo o hacernos polvo sin permiso. Si usted es un hijo de Dios, Satanás primero tiene que pedir permiso. Hasta el diablo está bajo la mano soberana de Dios. Él no puede ir directamente y hacer lo que quiera. Nada puede alcanzarnos sin que pase por la mano de Dios.

Pero hay algo más que me inquieta, y puede que a usted también: ¿Por qué Dios permitió en un principio que Satanás se metiera con Pedro y los discípulos? De hecho, ¿por qué permite que Satanás se meta con nosotros? Esta es una inquietud que terminará por desconcertarnos si no vivimos con una perspectiva eterna. Pero así como un doloroso entrenamiento produce en un atleta mayores niveles de fuerza, las pruebas y los problemas pueden fortalecernos si lo permitimos. El objetivo de Dios para cada uno de nosotros es que lleguemos a ser cristianos maduros. Y el método de Dios de producir madurez en nosotros a menudo incluye pruebas.

Cuando Dios permite pruebas en nuestra vida, Él tiene un propósito. Las luchas que afrontamos no son las tragedias accidentales incomprensibles que quizá parecen ser. Dios siempre tiene un propósito para lo que permite. Lamentablemente, a menudo no vemos ese propósito porque estamos demasiado enfocados en nuestro dolor. Sin embargo, podemos dignificar nuestras adversidades al descubrir el destino al cual Dios nos está llevando a través de la prueba.

Una lección de humildad

Como veremos, Pedro necesitaba aprender algunas lecciones a través de la prueba. Una atenta lectura de las Escrituras nos muestra que a menudo Pedro pensaba que era "superior" y mucho más que eso. Pero, por medio de las pruebas, Jesús estaba tratando de decirle a Pedro que no era tanto como él pensaba que era. El orgullo de Pedro abrió la puerta para que Satanás le pidiera permiso a Dios para hacerle polvo. Dios a veces permite que el diablo nos ataque por una de dos razones. Primero, para que la prueba manifieste un pecado del cual no somos conscientes o que hemos minimizado tanto en nuestra mente que no nos damos cuenta de la seriedad del mismo. Segundo, para estimular nuestro desarrollo y crecimiento espiritual. El apóstol Pablo da una de las mejores explicaciones del propósito de las pruebas en nuestra vida.

> También nos alegramos al enfrentar pruebas y dificultades porque sabemos que nos ayudan a desarrollar resistencia. Y la resistencia desarrolla firmeza de carácter, y el carácter fortalece nuestra esperanza segura de salvación. Y esa esperanza no acabará en desilusión. Pues sabemos con cuánta ternura nos ama Dios, porque nos ha dado el Espíritu Santo para llenar nuestro corazón con su amor (Romanos 5:3-5).

Así como la mariposa desarrolla fuerza muscular para volar al esforzarse para salir del capullo, nosotros desarrollamos madurez y crecimiento espiritual al perseverar en las pruebas. Es así como nuestros músculos espirituales se fortalecen lo necesario para vivir la vida de fe a la cual Dios nos ha llamado a cada uno de nosotros como creyentes en Cristo Jesús.

Jesús oró por Pedro

Aun así, es fácil dejar de enfocarnos en Dios en medio de una prueba, así como es fácil dejar de enfocarnos en la meta de un cuerpo más fuerte en medio de un entrenamiento. Jesús sabía que sería fácil que Pedro se rindiera y lo negara una vez que Satanás comenzara a atacarlo. Por eso le dijo a Pedro que estaba orando por él: "Yo he rogado en oración por ti, Simón, para que tu fe no falle", le dijo Jesús.

Jesús oró para que, a pesar de lo que Pedro estaba por experimentar y a pesar de sus fracasos y faltas, su fe no fallase. Pedro estaba a punto de entrar a las 24 horas más oscuras de su vida, y Jesús acababa de advertirle lo que iba a suceder. Mientras Pedro estuviera pasando por eso, e incluso después de que todo hubiera terminado, Jesús quería que recordara que Él había orado por él.

Jesucristo estaba intercediendo por Pedro, lo cual nos lleva a plantearnos una pregunta interesante. Si Jesús sintió que era necesario interceder por Pedro, ¿por qué mejor no impidió directamente que Satanás zarandeara a Pedro como a trigo? Jesús y el Padre pudieron no haberle dado permiso a Satanás para zarandear a Pedro y a los discípulos. Pero no fue así. Tal vez Jesús sabía que Pedro encontraría un propósito superior en su tormento; si no perdía la fe.

Aunque Jesús fue directo con Pedro sobre lo que iba a sucederle a él y a los demás discípulos, Pedro no pareció prestarle mucha atención a lo que le dijo. Al menos, es lo que me parece a mí. Si el mismo Jesús me dijera que antes de que el gallo cante tres veces yo le iba a negar, pienso que habría ido a alojarme a un hotel, cerraría la puerta, colgaría el cartel de "no molestar" en la manija, descolgaría el teléfono, apagaría mi iPad y teléfono celular, desconectaría la televisión y me iría a la cama. Pienso que haría lo imposible por dormir esas 24 horas seguidas para que eso terrible que Jesús describía no pudiera suceder.

Pero Pedro no hizo eso. Él era un hombre muy resuelto y seguro de sí mismo, y esa es una combinación peligrosa. "Aunque todos te dejaran, Jesús, yo estaré aquí. No me iré a ningún lado. Voy a estar contigo, todo el tiempo", pudo haberle dicho Pedro con un poco de acento arameo.

Pedro sucumbió ante sus temores

Lo que Pedro hizo terminó por ser completamente diferente a lo que había dicho. El hecho se registra en los cuatro Evangelios. Probablemente lo haya leído, pero veamos el relato de Mateo.

Mientras tanto, Pedro estaba sentado afuera en el patio. Una sirvienta se acercó y le dijo:

—Tú eras uno de los que estaban con Jesús, el galileo.

Pero Pedro lo negó frente a todos.

—No sé de qué hablas —le dijo.

Más tarde, cerca de la puerta, lo vio otra sirvienta, quien les dijo a los que estaban por ahí: "Este hombre estaba con Jesús de Nazaret".

Nuevamente, Pedro lo negó, esta vez con un juramento. "Ni siquiera conozco al hombre", dijo.

Un poco más tarde, algunos de los otros que estaban allí se acercaron a Pedro y dijeron:

—Seguro que tú eres uno de ellos; nos damos cuenta por el acento galileo que tienes.

Pedro juró:

—¡Que me caiga una maldición si les miento! ¡No conozco al hombre!

Inmediatamente, el gallo cantó (Mateo 26:69-74).

Lo que Jesús había dicho que sucedería, sucedió. Eso no es ninguna sorpresa. Pedro hizo lo que le dijo a Jesús que nunca haría. Le negó no solo una vez, sino tres veces. Y no le negó accidentalmente, sino con palabras que se hubieran censurado en un *reality show* si las cámaras hubieran estado filmando.

Pedro cometió el error de no darse cuenta de lo que era capaz de hacer. Él pensó que negar a Jesús no estaba en su carácter. Pensó que la deslealtad no estaba en él. No pensó que podía hacer algo como eso. Pero siempre estuvo en el carácter de Pedro hacerlo; solo que no lo sabía. Pedro no pensaba que podía negar a Jesús, pero apenas el diablo vio que Pedro pensaba de esa manera, Satanás decidió que era exactamente donde iba a apuntarle.

Eso debería servirnos de advertencia a cada uno de nosotros. Satanás a menudo trata de derrotarnos en la misma área donde nunca imaginamos que podíamos fallar. Cuando sabemos que estamos luchando, generalmente tenemos la guardia alta, o al menos estamos alerta. Pero cuando, como Pedro, creemos que algo así nunca podría pasarnos, necesitamos ser más cuidadosos. Cada uno de nosotros es capaz de mucho más de lo que a menudo es consciente.

Pedro tiró la toalla

Después de la negación, leemos que "Pedro salió llorando amargamente". Lloraba como un niño, porque se había enfrentado a la realidad de que había hecho algo que nunca pensó que podía hacer. Pedro falló y, en consecuencia, vemos que vuelve a hacer lo mismo que había dejado para seguir a Jesús. Pedro abandonó su vida de discípulo, tiró la toalla y volvió al lugar de donde había salido.

Si lo recuerda, en Lucas 5:10-11, Jesús llamó específicamente a Pedro a dejar su profesión de pescador. "Jesús respondió a Simón: '¡No tengas miedo! ¡De ahora en adelante, pescarás personas!'. Y, en cuanto llegaron a tierra firme, dejaron todo y siguieron a Jesús". Sin embargo, Pedro había fallado, al negar a Aquel con el que había pasado mucho tiempo durante tres años. Fingió no conocer a Aquel cuyo poder y humanidad había observado personalmente, y volvió a lo que había conocido antes. Él y varios otros regresaron a la vida que llevaban junto al mar.

Simón Pedro, Tomás (al que apodaban el Gemelo), Natanael de Caná de Galilea, los hijos de Zebedeo y otros dos discípulos.
Simón Pedro dijo:
—Me voy a pescar.

—Nosotros también vamos —dijeron los demás.

Así que salieron en la barca, pero no pescaron nada en toda la noche (Juan 21:2-3).

Pedro había dejado su vieja vida atrás para caminar con Jesús. Había dejado el anzuelo, el sedal, la barca y las redes por Jesús. Durante esos años, Pedro fue testigo de numerosos milagros. Muertos resucitados. Ciegos que volvían ver. Hambrientos que eran alimentados. Lo que es más, Pedro vio a Jesús responder en amor a aquellos que lo odiaban y querían su muerte. Pero a pesar de todo lo que había presenciado, Pedro volvió a la pesca. Tomó otra vez el anzuelo, el sedal, la barca y las redes para intentar trabajar con lo que pensó que sabía.

El problema era que Pedro no pudo volver a lo que era. Estaba desactualizado y carente de práctica. El pasaje dice que no pescó nada. Después de pasar toda la noche afuera, en la barca, Pedro tuvo un despertar desagradable a la mañana siguiente. Sus redes estaban vacías, tal cual habían estado el primer día que conoció a Jesús. Me pregunto si Pedro tuvo el sentimiento de haber vivido la misma situación aquella mañana, al volver a pensar en aquel momento cuando Jesús le dijo que fuera con la barca mar adentro y echara sus redes. En ese tiempo, Pedro no sabía todo lo que Jesús podía hacer y, en su interior, había rezongado y criticado a ese carpintero que se atrevía a decirle cómo hacer su trabajo.

Pero una vez que las redes se llenaron tanto que estaban por hacer hundir la barca, Pedro se había dado cuenta de que algo sobre ese hombre, Jesús, era especial. Quienquiera que fuera, tenía un poder distinto a los que Pedro había visto en su vida. Era el poder de Dios, y Pedro quiso experimentar más.

Tres años más tarde, Pedro se volvió a sentar en una barca vieja y apestosa… en el mismo lugar en el que había comenzado su historia. Pero esta vez escuchó una voz que le llamaba desde la playa. Le sonaba conocida, pero no podía ser quien pensaba que era. Él sabía que Jesús había resucitado de la tumba —él y los otros discípulos le habían visto aparecer a través de puertas cerradas—, pero no pensaba que Jesús se tomaría el tiempo de hablar con él ahora. Pedro había negado a Jesús de la peor manera durante la peor noche.

—Amigos, ¿pescaron algo? —la voz habló a los hombres que estaban en la barca.

—No —contestaron ellos.

—¡Echen la red a la derecha de la barca y tendrán pesca! —les volvió a decir la voz (Juan 21:5-6).

Así lo hicieron, esta vez sin quejarse ni discutir. Es muy probable que ellos recordaran cuán bien les había ido hacía tres años al seguir el consejo de aquel extraño. Y muy adentro, probablemente tenían la esperanza de que ese extraño no fuera ningún extraño. Las Escrituras registran su respuesta: "Ellos lo hicieron y no podían sacar la red por la gran cantidad de peces que contenía. Entonces el discípulo a quien Jesús amaba le dijo a Pedro: '¡Es el Señor!'" (vv. 6-7). El versículo 11 dice que pescaron 153 peces. Era una pesca enorme después de una noche improductiva en la que trataron de volver a lo que pensaron que sabían hacer.

Cosas similares nos suceden a nosotros como creyentes, estoy seguro. Tal vez, después de fracasar en algún ámbito de su vida espiritual, usted decidió que sería mejor regresar a lo ya conocido. Tal vez volvió a su antigua vida, sus antiguas compañías o al antiguo club nocturno. Pero igual que Pedro y los otros discípulos, aun tras una larga noche, usted no pescó nada. Y no pescó nada porque Jesús quiere que su mirada vuelva a estar en Él. Jesús no quiere perderlo después de haber pasado tanto tiempo con Él. Él le ama. Sí, tal vez usted se apartó, como lo hicieron Pedro y los otros personajes bíblicos que estamos viendo en este libro; pero Jesús anhela que regrese... tanto, que se le aparecerá donde menos lo espere. Eso es lo que hizo con Pedro. Y cuando lo haga, espero que su respuesta al amor de Él no sea menos entusiasta que la de Pedro. "Cuando Simón Pedro oyó que era el Señor, se puso la túnica (porque se la había quitado para trabajar), se tiró al agua y se dirigió hacia la orilla" (v. 7).

Pedro no perdió el tiempo, y corrió hacia Jesús. Una vez que Pedro supo que Jesús le estaba hablando, se lanzó al agua y nadó y llegó a la orilla antes que la barca. Eso es lo que hará el perdón por usted. Una vez que se dé cuenta de que Jesús aún le ama y le ha perdonado por lo que ha hecho, usted deseará ir a Él lo más rápidamente posible, porque esa clase de amor no se da tan a menudo. Ese amor está lleno de gracia y misericordia.

Cuando Pedro llegó a la orilla, el desayuno estaba listo. "Cuando llegaron a tierra, vieron encendida una hoguera hecha con carbón. Había pescado y pan encima." (v. 9, PDT). ¿Por qué Juan dice específicamente que era pescado hecho "con carbón"? Ese detalle no parece ser importante, pero Juan lo incluyó. ¿Por qué?

El griego traducido como "carbón" solo se usa dos veces en todo el Nuevo Testamento. Pero lo que sobresale sobre su uso es que las dos veces que se usa, están directamente relacionadas con Pedro. La primera vez está en Juan 18:18: "Como hacía frío, los sirvientes de la casa y los guardias habían hecho una fogata con carbón. Estaban allí de pie, junto al fuego, calentándose, y Pedro estaba con ellos, también calentándose".

La primera vez que vimos una referencia a un fuego hecho con carbón, Pedro estaba por negar a Jesús. La segunda vez que leemos acerca de un fuego hecho con carbón, Jesús ha regresado a perdonarle. Jesús no quería que Pedro dejara a un lado mentalmente lo que había hecho. Cuando Jesús se sentó a conversar con Pedro, se aseguró de que transcurriera en un entorno similar: un fuego hecho con carbón, como aquel junto al cual estuvo Pedro cuando le negó. Jesús usó una ayuda visual para enfatizar su mensaje.

De Pedro a Simón

No solo eso, sino que cuando seguimos leyendo el Evangelio de Juan, descubrimos que Pedro experimentó también un recuerdo verbal al conversar con Jesús. Después de que terminaron de comer su desayuno, Jesús le preguntó tres veces a Pedro si le amaba. Pero si leemos atentamente el texto, veremos que las tres veces, Jesús se dirigió a Pedro como Simón: "Simón, hijo de Juan, ¿me amas?". Jesús lo repitió tres veces; el mismo número de veces que Pedro le había negado. En Mateo 16:17-19 vemos que, anteriormente, el nombre de Pedro había cambiado de Simón a Pedro. Esto sucedió cuando Jesús estaba hablando con los discípulos sobre edificar su Iglesia y extender el reino de Dios. El nombre que Jesús le dio a Simón (Pedro) significa "roca", y fue símbolo de su liderazgo y relevancia en la Iglesia que Jesús edificaría.

Sin embargo, una vez que Pedro negó a Cristo y volvió a sus viejos hábitos —pescar en vez de seguir en la obra del reino que Jesús había iniciado—, Jesús volvió a llamarle por el nombre Simón. Si Pedro iba a pasar sus días pescando corvinas apestosas en vez de hombres, Jesús iba a dirigirse a él de acuerdo al nombre que coincidiera con lo que estaba haciendo.

Los recordatorios de Jesús sobre las negaciones de Pedro no fueron solo el fuego hecho con carbón, la cantidad de preguntas (tres) y el nombre Simón. Sino que, además, las preguntas de Jesús se centraban en aquello que Pedro una vez había afirmado tan fuertemente: su amor. Pedro le había dicho a Jesús que aunque todos le dejaran, él nunca lo haría. Le aseguró a Jesús que su amor era más leal que cualquiera que Jesús hubiera conocido. Ahora que el amor de Pedro había demostrado ser superficial, Jesús quería volver a formularle esa pregunta.

—Simón, hijo de Juan, ¿me amas? —le preguntó Jesús.

En estos tres intercambios entre Jesús y Pedro (Juan 21:15-19), es decisivo reconocer las palabras traducidas como "amar". Cuando Jesús le preguntó a Pedro si le amaba, usó la palabra griega *agape*, que significa un amor leal, consagrado y abnegado. Cuando Pedro respondió la primera pregunta, le dijo a Jesús que le amaba, pero decidió usar la palabra griega *phileo*. *Phileo* podría fácilmente traducirse "querer". Es más indicativo de una amistad que de un sacrificio consagrado.

La respuesta de Pedro dio buenas razones para creer que había aprendido su lección. Él no iba a esforzarse otra vez para afirmar que podía hacer algo, ser algo o amar a alguien cuando en realidad no era capaz de hacerlo. "Te amo, Jesús", respondió Pedro. "Pero no es la clase de amor que estás buscando".

Básicamente, Jesús le estaba preguntando: "Pedro, ¿me amas al 100%?". Y Pedro le respondió: "No, te amo al 65%". Pedro no quería decir más de lo que sabía que era verdad. Él no quería arriesgarse a ser zarandeado como a trigo otra vez, así que esta vez no se exaltó tanto como antes. La segunda vez que Jesús le preguntó si le amaba con amor *agape*, Pedro le respondió otra vez que le amaba con la palabra *phileo*. Para que el asunto calara más hondo, la tercera vez que Jesús le preguntó a Pedro si le amaba, cambió su pregunta y le dijo: "Simón, hijo de Juan, ¿me quieres?". Esto le dolió profundamente a Pedro. "A Pedro le dolió que Jesús le dijera la tercera vez: "¿Me quieres?". La última vez que Pedro había experimentado una secuencia de tres, cantó el gallo y Pedro había huido y llorado. Esta vez, el texto dice que estaba triste.

El hombre que con tanto entusiasmo se había lanzado al agua para nadar hacia Jesús, había vuelto al punto de partida. El fuego se había encendido con carbón, el nombre reflejaba su vocación, se le había repetido tres veces una pregunta, y el amor consagrado había quedado reducido a una amistad. Jesús había llevado nuevamente a Pedro al momento de su falta, y cuando Pedro se dio cuenta de la relación, su corazón se desgarró.

La respuesta de Pedro a Jesús, después de la tercera pregunta, se intensificó. Anteriormente había respondido: "Sí, Señor, tú sabes...". Pero esta vez, Pedro dijo: "Señor, tú sabes todo". Pedro había insinuado que Jesús obviamente no sabía de lo que estaba hablando cuando le dijo a Pedro que lo negaría. Pero ahora Pedro le dice a Jesús: "Tú sabes todo". Pedro ahora sabía que Jesús le conocía mejor que él mismo.

Cada uno de nosotros puede aprender una lección valiosa de Pedro. Uno de los problemas que a menudo afrontamos como creyentes es que realmente no creemos que Dios nos conozca mejor que nosotros mismos. A veces pensamos que podemos engañar a Dios. Nos vestimos para la iglesia, repetimos nuestros versículos, adoptamos nuestra actitud de domingo, decimos lo correcto y hacemos lo que deben hacer los buenos cristianos; pero Dios sabe quiénes somos realmente cuando nos reunimos alrededor de fuego hecho con carbón en la vida. Él sabe que aunque hablemos mucho, la mayoría de nosotros estaríamos volando alto con solo amarlo al 65%.

Y así como le desgarró el corazón a Pedro darse cuenta de que no era para nada lo que pensó que era —que Jesús tuvo que rebajarse a su 65% y cambiar la palabra *agape* por *phileo* en su pregunta—, debería desgarrarnos el corazón darnos cuenta de que tampoco somos todo lo que pensamos que somos. Podría ser fácil ser cristianos heroicos cuando las cosas nos van bien; pero cuando Satanás sabe cuáles son nuestros puntos débiles y pide permiso para zarandearnos como a trigo, solo Jesús sabe qué haremos realmente. Muchos de nosotros conocimos también esa respuesta... por las malas.

Pero lo bueno es que Jesús se rebajará a nuestro 65% para salir a nuestro encuentro en donde estemos. Y a pesar de eso, nos dará un propósito que va más allá de nosotros mismos, así como lo hizo con Pedro. Jesús le devolvió la labor a Pedro. Le devolvió su misión. Le dijo: "Entonces, alimenta a mis ovejas". En otras palabras: "Pedro, cuida de aquellos que me siguen. Te dije que serías un pescador de hombres, y seguiré haciendo exactamente lo que dije que haría de ti. Tu labor está a salvo a pesar de tu fracaso. Pedro, quiero que cuides de aquellos que amo profundamente: mis ovejas".

Pedro acababa de experimentar una verdadera recuperación. Debido a su fracaso y restauración, ahora realmente podía cuidar de aquellos que también estuvieran luchando y sufriendo. Ahora podía identificarse con ellos y confiar en que Dios le ayudaría a hacer lo que debía hacer. Dios podía usar a Pedro a un nivel aún mayor ahora, porque ya no iba a estar hablando de teología y a exaltarse. Pedro sabía qué se sentía en el fracaso y el sufrimiento, y necesitaba otra oportunidad. Pedro sabía cómo fortalecer a quienes estuvieran en su misma situación y cómo ayudarles a ver al mismo Jesús que se encontró con él en el punto de su fracaso.

Me imagino que si Pedro viviera hoy, habría muchos que no le permitirían predicar en sus púlpitos. Muchos en el cristianismo se burlarían de una recuperación como esa. No le permitirían enseñar en sus conferencias o en sus clases de escuela dominical, escribir libros para los miembros de su iglesia, o ni siquiera cantar alabanzas para Él. Pero Jesús sí. De hecho, Jesús puso a Pedro directamente a trabajar y cuidar de aquellos que más amaba: a los suyos. Jesús dice: "Pedro, si lo único que puedes hacer bien ahora es quererme (*phileo*), es suficiente. Lo recibo. Comenzaremos con el 65%, y de ahí veremos".

El requisito clave para que Dios le use es que sea usted sincero sobre su amor por Él. Pero, ¿cómo sabe usted cuándo ama a alguien? No es por un sentimiento diminuto en su interior. La manera de ver si ama a alguien es por lo que usted *hace*. Cualquiera puede decirnos: "Te amo". Pero las personas que realmente nos aman se preocuparán por lo que es importante para nosotros. Solo pensarán en buscar nuestro bien. Si alguien nos dice que nos ama, pero cada decisión de su vida parece estar relacionada solo con él o ella, entonces no nos ama. Solo está usando las palabras para su propio beneficio. Amar a alguien es tener la prioridad de hacer lo que es importante para esa persona.

Jesús sabe que le amamos cuando nos ve interesados en las cosas que a Él le interesan: sus ovejas. Las Escrituras dicen: "Si alguien dice: 'Amo a Dios' pero odia a un hermano en Cristo, esa persona es mentirosa pues, si no amamos a quienes podemos ver, ¿cómo vamos a amar a Dios, a quien no podemos ver?" (1 Juan 4:20).

Al pedirle a Pedro que alimentara a sus ovejas, Jesús restauró a Pedro al servicio público. Pedro había cometido un pecado público; había desechado y negado a Jesús públicamente. De modo que Jesús restauró a Pedro públicamente también, frente a los otros discípulos. En consecuencia, Pedro recibió el perdón de Cristo, y eso se convirtió en el fundamento para todo lo que él haría de ahora en adelante.

Dios conoce lo peor y lo mejor

La historia de Pedro es un gran ejemplo de afirmación pública después de un fracaso público. Pero, ¿qué tiene que ver la historia de Pedro con nosotros? Una cosa que vemos en la historia de Pedro es que Dios conoce lo peor sobre cada uno de nosotros incluso antes de que lo hagamos. Él sabe qué tenemos en lo oculto y lo secreto y qué escondemos. Esas cosas que pensamos que nadie más conoce de noso-tros... Dios las conoce todas. Y Él quiere asegurarse de que noso-tros también las conozcamos. ¿O acaso todavía pensamos que nunca podemos fallar? Es peligroso pensar eso.

De la misma manera, aunque Dios conoce lo peor de nosotros, también conoce lo mejor. Y Él quiere usarnos para fortalecer a otros, así como usó a Pedro. Él sabe que una vez que nos hemos recupe-rado de nuestros fracasos, tenemos el potencial de ser más fuertes de lo que éramos antes de nuestros fracasos. El Pedro aterrado y muerto de miedo que negó a Jesús en su hora de necesidad es el mismo Pedro resuelto y seguro de sí mismo que se levantó para proclamar el nom-bre de Jesús en Pentecostés, cuando llevó a más de tres mil personas al reino de Dios en un solo día. En la era de las grandes cruzadas de Billy Graham podríamos pensar que la cantidad de tres mil no es tan impresionante. Pero en la época y la cultura bíblica, Dios usó a Pedro para provocar la respuesta al evangelio de Cristo más grande que se haya registrado. Además, este suceso inauguró la era de la Iglesia que conocemos hoy.

E incluso más allá de eso, Pedro fue usado para llevar a los gentiles a la Iglesia, como vemos más adelante cuando ministró a un hombre gentil influyente llamado Cornelio (Hechos 10). Una vez que Pedro fue sincero y reconoció las faltas que había en él, también se volvió útil y poderoso en el reino. Aunque Pedro admitió que el 65% era todo lo que tenía para dar de su parte, Dios suplió la diferencia durante el resto de su vida, y terminó dando el 100% de sí mismo al reino.

Si alguna vez le ha fallado usted a Dios, le ha negado, le ha des-echado, ha dudado de Él, le ha ignorado o simplemente le ha dejado, y si, como Pedro, su corazón muestra que ha ido a pescar, quiero que escuche la voz conocida que Pedro escuchó aquella mañana. La misma voz también le está llamando a usted.

Si usted le responde y regresa a Él, Dios puede usarle de una manera que jamás imaginó. No es demasiado tarde. Antes bien, es el momento perfecto para desayunar con Jesús. Es el momento perfecto para confesarse con Él. Usted también puede; Dios siempre supo la verdad. Tal vez usted no, pero Él sí. Y ahora usted también sabe la verdad, y está en una posición aún mayor para que Él pueda usarle. ¿Responderá a su llamado? Me imagino que en este momento podría estar en una situación muy parecida a la de Pedro, y que ha pasado mucho tiempo sin pescar. Entonces, ¿qué puede perder? Él le está esperando. Usted tiene una labor por hacer.

CAPÍTULO SIETE

Sansón era un mujeriego

Sansón era un mujeriego. Era un donjuán. De hecho, a Sansón le gustaban tanto las mujeres, que una mujer en particular, Dalila, demostraría ser su perdición. A pesar de todo lo que Sansón tenía a su favor, le faltaba fortaleza para resistirse a ella.

Sansón era inteligente, fuerte, apuesto y seguro de sí mismo, y estaba ungido. Subió al poder como líder de Israel durante veinte años. Sin embargo, a pesar de todo eso y más, Sansón tenía una debilidad: las mujeres.

Si ha leído los cuatro capítulos del libro de Jueces que tratan sobre la vida de Sansón, puede que se pregunte por qué habría que incluirlo en un libro como este. O tal vez se pregunte por qué decidiría Dios incluir a Sansón en el "Salón de la Fama de la fe" de Hebreos 1, junto a héroes como Abraham, Moisés y José. Puede que al leer la historia de Sansón, nos dé la impresión de que no pertenece a esa lista. Tal vez, incluso nos preguntemos qué hace en la Biblia. Pero está allí —tan real como la vida misma—, y se le incluye entre los grandes hombres y mujeres de fe.

En lo que se refiere a la fe, podría decirse que Sansón nació en una cuna de oro de unción. El libro de Jueces nos lo presenta cuando el ángel del Señor le habla a su madre.

> Aunque no has podido tener hijos, pronto quedarás embarazada y darás a luz un hijo varón. Así que ten cuidado; no debes beber vino ni ninguna otra bebida alcohólica ni comer ninguno de los alimentos prohibidos. Quedarás embarazada y darás a luz un hijo, a quien jamás se le debe cortar el cabello. Pues él será consagrado a Dios como nazareo desde su nacimiento. Él comenzará a rescatar a Israel de manos de los filisteos (Jueces 13:3-5).

El ángel del Señor se le apareció a la madre de Sansón y le dijo que el hijo que ella iba a tener sería "consagrado a Dios... desde su nacimiento". Sería nazareo. El nazareo era un israelita que había hecho un voto especial de consagración a Dios. En su voto, el nazareo se comprometía a tres cosas específicas. En primer lugar, debía abstenerse del vino.

> Dejará el vino y otras bebidas alcohólicas. No usará vinagre hecho de vino ni de otras bebidas alcohólicas, no beberá jugo de uva fresca ni comerá uvas o pasas. Mientras esté obligado por su voto de nazareo, no se le permite comer o beber productos derivados de la vid, incluidas las semillas y la cáscara de uva (Números 6:3-4).

Repetidas veces en el Antiguo Testamento, el vino o jugo de uva es una figura o un símbolo, que representa gozo o alegría. Como parte del voto, el nazareo debía abstenerse voluntariamente de esta sustancia particular que podía darle mucho placer. Esto es semejante al mandamiento de Cristo a los creyentes: "Si alguno de ustedes quiere ser mi seguidor, tiene que abandonar su manera egoísta de vivir, tomar su cruz cada día y seguirme" (Lucas 9:23). El nazareo debía renunciar a ciertos placeres como parte de su consagración a Dios.

En segundo lugar, el nazareo no debía cortarse el cabello. "Durante todo el tiempo que dure su voto, esta persona no se cortará el cabello, porque es santa y apartada para el Señor. Se dejará crecer el cabello hasta que se cumpla el tiempo de su voto" (Números 6:5). Como Pablo escribe en el Nuevo Testamento, el cabello largo en el hombre se consideraba una vergüenza. Dice: "¿No es obvio que es vergonzoso que un hombre tenga el cabello largo?" (1 Corintios 11:14). La predisposición de un nazareo a usar el cabello largo en una cultura que no valoraba ese atributo en un hombre era una indicación externa de su consagración y capacidad de superar su propio orgullo. El verdadero compromiso se ve no solo en la devoción de una persona, sino también en su capacidad de dominar su propia altivez y adoptar una humildad voluntaria.

Por último, el nazareo no debía tener contacto con ningún cadáver.

> Y no se acercará a ningún cadáver durante todo el tiempo de su voto al Señor. Aun cuando la persona muerta sea su propio padre, madre, hermano o hermana, no debe contaminarse, porque el cabello que lleva sobre su cabeza es símbolo de su consagración a Dios. Este requisito se aplica mientras esté consagrado al Señor (Números 6:6-8).

No acercarse a ningún cadáver significaba mucho más de lo que podríamos pensar en un primer momento. El mandamiento era muy detallado, e incluía a padre, madre, hermano o hermana, así que el voto prohibía al nazareo experimentar la tradición cultural de hacer duelo por un familiar muy cercano que hubiera fallecido. Pero mediante esta separación para Dios, el nazareo aprendía a evitar las ataduras terrenales y mantener una perspectiva eterna. Jesús dio un mandamiento similar a un aspirante a discípulo cuando le dijo:

"Sígueme ahora. Deja que los muertos espirituales entierren a sus muertos" (Mateo 8:22).

El voto de un nazareo abarcaba varias áreas de gran importancia en la vida. Dado que era tan integral, generalmente era una decisión que partía del mismo nazareo. Pero en el caso de Sansón, su consagración se decidió incluso antes de nacer. Él debía estar especialmente apartado para Dios para que pudiera comenzar "a rescatar a Israel de manos de los filisteos" (Jueces 13:5).

Se puede deducir mucho sobre Sansón solo por su nombre. Sansón es un nombre masculino que se pronuncia con facilidad y resuena con fuerza. Este era un hombre que definitivamente "era todo un ganador". Incluso hoy día, Sansón es conocido como una figura hercúlea en los anales de la historia; un hombre que podía lograr hazañas sobrehumanas, aun sin el uso de un traje de superhombre. Sansón tenía las destrezas de Harrison Ford y la osadía de Bruce Willis. Era tan fuerte como Sylvester Stallone y tan gallardo como Denzel Washington.

Sansón era la pesadilla de todos los hombres y el sueño de todas las mujeres. Al ser este tipo de hombre, era fácil que Sansón se volviera engreído. Pero desde niño, Sansón siempre había oído lo mismo: su fuerza venía de Dios.

Es probable que su madre le recordara frecuentemente que incluso su nacimiento había sido sobrenatural. Después de todo, ella no podía tener hijos. Era estéril. Pero Dios sobrenaturalmente tocó su vientre y le permitió concebir y dar a luz un hijo con un gran propósito. El propósito de Sansón era liberar a Israel de la opresión. En otras palabras, Sansón tenía un contrato para jugar con los Nazareos del Reino, y su asignación divina era capturar, derribar e interceptar a los Guerreros Filisteos.

Hablando de fútbol americano, Troy Polamalu, que hace mucho juega como profundo para los Pittsburgh Steelers y hace poco obtuvo el premio de AP al jugador defensivo del año, tiene algo en común con Sansón. Polamalu probablemente sea aún más famoso por su cabello que por jugar al fútbol americano. Cuando el equipo negro y dorado sale a la cancha, hay un jugador que se destaca más que ningún otro, y ese es Polamalu. Cuando derriba a los que llevan el balón, captura a los mariscales de campo y detiene o intercepta sus pases, se le reconoce instantáneamente por su larga melena negra que sobresale por debajo de su casco. El cabello de Polamalu es tan valioso que Procter & Gamble lo aseguró por la suma de un millón de dólares. (Polamalu tiene un contrato con Procter & Gamble de auspiciar el champú Head & Shoulders). A Sansón también le habría convenido reconocer el valor de su cabello. Cuando Sansón perdió el cabello, lo perdió todo.

Un poder espiritual sobrenatural

Sin embargo, antes de que nos adelantemos a la visita de Sansón a la peluquería, echemos un vistazo a su vida. Cuando leemos sobre la vida de Sansón, a menudo vemos que el Espíritu de Dios venía sobre él. La primera vez que leemos sobre esto es poco después del relato de su nacimiento: "Y el Señor lo bendijo, y el niño creció. Y el Espíritu del Señor comenzó a manifestarse en él" (Jueces 13:24-25).

Más adelante leemos que "el Espíritu del Señor vino con poder sobre él y despedazó las quijadas del león a mano limpia; tan fácilmente como si hubiera sido un cabrito" (Jueces 14:6).

Y en Jueces 15:14 leemos que "el Espíritu del Señor vino con poder sobre Sansón, y él rompió las sogas que tenía atadas en los brazos como si fueran hilos de lino quemados". Sansón después levantó la quijada de un burro y procedió a matar mil hombres con ella.

Durante toda la vida de Sansón, resultaba evidente que su llamado a ser nazareo le daba acceso a un poder espiritual superior al humanamente posible. Sansón tenía poder cuando se enfrentaba a sus enemigos —tanto humanos como animales— porque en esos momentos el Espíritu de Dios venía sobre él.

Es importante que notemos que todos los creyentes en la era de la Iglesia tienen acceso al mismo Espíritu que daba poder a Sansón. Puede que Dios no nos llame a cumplir los mismos votos de nazareo, pero estamos llamados a tener vidas santificadas (apartadas para Dios). Cuando nuestras vidas están apartadas de las normas del mundo y nos entregamos a Dios, su Espíritu nos da poder para enfrentarnos a nuestros enemigos de falta de confianza en nosotros mismos, relaciones conflictivas, situaciones laborales difíciles y aun problemas de salud. Pero al igual que Sansón, si perdemos lo que nos distingue como hijos de Dios, que estamos apartados para Él a fin de tener vidas santas, perdemos nuestro poder.

Hoy día vemos una generación de cristianos sin poder, sencillamente porque no tienen vidas santificadas. Es algo así como jugar con nuestros votos de nazareos, ya sea fusionando nuestros pensamientos y puntos de vista con los del mundo o tomando malas decisiones sobre cómo pasamos el tiempo, o con quién nos juntamos, o por qué razones. Hasta nuestra capacidad física de pensar claramente, tener un buen rendimiento o una vida de vitalidad y fuerza se ve comprometida cuando regularmente comemos mal o comemos demasiado. Estas acciones pueden afectar a la medida de energía, deseo y celo que tenemos por Dios y por la vida misma. Si no cuidamos nuestro cuerpo y nos damos todos los gustos deliciosos, que lo único que hacen es sobrecargarnos emocional y físicamente, no nos estamos apartando para Dios. No vemos nuestro cuerpo como templo de Él ni lo cuidamos como es debido.

Es importante que nos demos cuenta de que Sansón no se despertó un día con la cabeza en el regazo de Dalila y el cabello cortado. Sansón perdió su poder porque la historia de su vida estuvo marcada por la transigencia. Nosotros también podemos terminar en un lugar que nunca imaginamos posible cuando transigimos en cosas pequeñas y tomamos decisiones que no reflejan una vida apartada para servir y glorificar a Dios. La primera transigencia de Sansón comenzó con la elección de su esposa.

> Cierto día, estando Sansón en Timnat, se vio atraído por una mujer filistea. Cuando volvió a su casa, dijo a su padre y a su madre:

—Me gusta una joven filistea de Timnat y quiero casarme con ella. Consíganmela (Jueces 14:1-2).

Sansón vio a una mujer y decidió que quería casarse con ella. El único problema era que esta mujer provenía del pueblo enemigo. Era filistea. No solo eso, sino que Dios había dejado claro que los israelitas no debían casarse con paganos. Hacerlo era lo mismo que establecer un pacto con otro dios.

El matrimonio es un pacto. Desde el punto de vista espiritual, va mucho más allá del hecho de que dos personas convivan y posiblemente críen algunos hijos. Como nos exhorta Pablo: "No se asocien íntimamente con los que son incrédulos. ¿Cómo puede la justicia asociarse con la maldad? ¿Cómo puede la luz vivir con las tinieblas?" (2 Corintios 6:14). La razón de esta distinción en el matrimonio es que el pacto matrimonial es mucho más que un contrato; es la unión *espiritual* de dos personas.

Otra razón para la falta de poder de los creyentes es que hemos pasado de *estar* en el mundo a *ser* de este mundo. Las Escrituras nos dicen que debemos estar en el mundo, pero no ser de este mundo. Esto puede compararse a un barco que está en el agua sin que el agua esté en él. Si el agua se metiera en el barco, se hundiría. Dios no nos llama a ser ermitaños o monjes, sino a estar apartados; pero sí nos llama a vivir en el mundo sin permitir que el mundo esté en nosotros.

Cuando intentamos mezclar las normas de este mundo con los valores de Dios, terminamos distanciados del único Dios verdadero, y perdemos su presencia y su poder en nuestras vidas, como le ocurrió a Sansón. Sansón no perdió inmediatamente su poder al casarse con la mujer filistea, pero su transigencia lo llevó por un camino de aún más concesiones que, al final, terminaron en su ruina.

Sin embargo, vio a una mujer que era hermosa —o, como podríamos decir, que era muy guapa— y les dijo a sus padres que quería casarse con ella. No le importó que ella fuera una enemiga y que Dios hubiera prohibido casarse con extranjeros. No le importó que sus padres le aconsejaran que no lo hiciera. Lo único que sabía Sansón era que la muchacha le parecía bonita, así que le dijo a su padre una vez más: "¡Consíguemela!" (Jueces 14:3).

Un rol de seducción entre acertijos

Sansón era un mujeriego. Era un seductor. En estos cuatro capítulos de la Biblia que hablan de su vida, vemos a Sansón en el rol de seductor con las mujeres, entre bromas y acertijos. Sansón debió de haberse dado cuenta desde un principio de que era un imán para las muchachas, porque pasaba de una muchacha a la otra. De hecho, su primera esposa —la filistea— no le duró mucho tiempo. Ella traicionó su confianza cuando lo convenció de que le revelara la respuesta del acertijo y después la diera a conocer a su familia; a lo cual Sansón respondió con ira. El padre de su esposa, en un intento por protegerla, la entregó a otro hombre; pero cuando Sansón regresó por ella y descubrió que no podía tenerla, se volvió loco de celos y arremetió con venganza.

Sansón cazó trescientas zorras, las ató cola con cola y amarró una antorcha a cada par de colas. Después las liberó en los campos de los filisteos. Cuando los filisteos vieron que se les quemaba su grano y sus viñedos, preguntaron quién había iniciado el incendio. Al saber que Sansón había arremetido contra ellos por enojo a causa de su esposa filistea, los filisteos se volvieron en contra de su propio pueblo y quemaron tanto a la esposa de Sansón como a su padre.

Desde luego que esto hizo enojar aún más a Sansón, quien mató a muchos filisteos por lo que habían hecho y se fue a vivir a una cueva en Etam. Cuando los filisteos se lanzaron a perseguirlo, Sansón volvió a recibir poder de lo alto, y él solo derribó a mil filisteos.

Los siguientes veinte años de la vida de Sansón no están registrados en la Biblia, pero no me sorprendería que hayan contenido el mismo nivel de intriga, suspenso, conflicto y poder que hemos visto hasta ahora. Aunque no se nos dice mucho sobre esos años, sabemos que Sansón cumplió con su rol de juez sobre Israel, conforme al propósito para el que había sido creado. Leemos que "Sansón fue juez de

Israel por veinte años, durante el tiempo en que los filisteos domina-
ban la tierra" (Jueces 15:20).

Cuando volvemos a encontrar a Sansón unos veinte años después, lo vemos en la misma rutina de siempre. Aquí descubrimos que
Sansón simpatiza con una prostituta, lo cual pone en serio peligro su
integridad física.

> Cierto día Sansón fue a la ciudad filistea de Gaza y pasó
> la noche con una prostituta. Pronto corrió la voz de que
> Sansón estaba allí, así que los hombres de Gaza se reunie-
> ron y esperaron toda la noche en las puertas de la ciudad.
> Se mantuvieron en silencio durante la noche mientras se
> decían: "Con la luz de la mañana, lo mataremos". Pero
> Sansón estuvo acostado solamente hasta la medianoche.
> Luego se levantó, agarró las puertas de la ciudad con los
> dos postes y las levantó con tranca y todo. Se las puso sobre
> los hombros y las llevó a cuestas hasta la cima de la colina
> situada frente a Hebrón (Jueces 16:1-3).

Los filisteos habían descubierto que Sansón frecuentaba el barrio
de las prostitutas, así que acordaron una estrategia para destruirle. El
problema era que la fuerza de Sansón era mayor de lo que habían previsto. A medianoche, Sansón arrancó las puertas de la ciudad. Esas
puertas no eran parecidas a las que podríamos tener en nuestro patio
trasero. Eran unas puertas enormes por las que podían pasar carava-
nas. No era humanamente posible que Sansón levantara esas puertas y las arrastrara 65 kilómetros hasta la cima de la montaña, con lo
cual dejaba a toda la ciudad indefensa ante cualquier ataque. Pero la
fuerza de Sansón no residía en el poder humano. Se encontraba en
Dios, porque Él había escogido a Sansón para cumplir un propósito
específico en un momento específico: guiar a los israelitas para que
fueran libres de los filisteos.

El poder de Sansón venía de Dios. Como ya hemos visto, Sansón
fue escogido desde antes de nacer. Su llamado obviamente no era el

resultado de nada que él hubiera hecho; sin embargo, recibió poder para honrar a Dios y sacar a su pueblo de una situación opresiva. No obstante, el poder delegado en Sansón era condicional. Dependía de que Sansón mantuviera sus votos de nazareo. Lamentablemente, Sansón conoció a una mujer que demostraría ser aún más poderosa que él. Esa mujer se llamaba Dalila.

Como sucede a menudo con los nombres en la Biblia, el nombre Dalila dice mucho sobre ella. Incluso puede darnos una pista de por qué Sansón se enamoró tanto de ella. El nombre Dalila significa literalmente "delicada" o "suave". No hay duda de que Dalila era una mujer hermosa, que ofrecía a Sansón el opuesto exacto de su propia imagen fuerte. Sin embargo, es posible que Dalila haya poseído más que mera belleza, porque las Escrituras dicen que Sansón "se enamoró de una mujer llamada Dalila, que vivía en el valle de Sorec" (v. 4).

Con frecuencia, cuando leemos en la Biblia sobre la atracción de un hombre por la belleza de una mujer, se la describe como hermosa o atractiva. No se dice nada de esto respecto de Dalila, aunque solo su nombre nos da una idea de su aspecto. Sin embargo, es posible que el poder que tenía Dalila sobre Sansón fuera más allá de lo que él veía, porque leemos que Sansón amó a Dalila. Estaba embelesado por ella, apasionado, obsesionado, perdidamente enamorado.

¿De qué otra manera podemos explicar cómo Dalila logró lo que miles de filisteos decididos nunca pudieron hacer? ¿De qué otra manera podemos entender cómo Dalila pudo preguntar a Sansón no una, ni dos, ni aun tres veces, sino cuatro veces, cuál era el secreto de su asombrosa fuerza sin que él empacara sus maletas y dejara a esta mujer demasiado curiosa? Sansón amaba a Dalila, y al final el mujeriego se encontró con alguien que se burló de él.

Un mujeriego burlado

Cuando los filisteos descubrieron que Sansón se había enamorado de Dalila, se acercaron a ella para proponerle un trato. Le ofrecieron pagarle muy bien por traicionar a Sansón.

Los gobernantes de los filisteos fueron a verla y le dijeron: "Seduce a Sansón para que te diga qué lo hace tan fuerte, y cómo es posible dominarlo y atarlo sin que se suelte. Luego, cada uno de nosotros te dará mil cien piezas de plata" (Jueces 16:5).

El pasaje no dice cuántos gobernantes filisteos se acercaron a Dalila. Sin embargo, cualquiera que fuese el número de ellos, cada uno acordó pagarle una inmensa suma de dinero por revelarles el secreto de Sansón.

Durante veinte años, Sansón había defendido, juzgado y guiado a los israelitas frente a la opresión filistea. Los filisteos sin duda estaban hartos de enfrentarse a un enemigo que de cierta manera encarnaba una fuerza sobrehumana.

Tentando a Dalila para que usara sus encantos sobre su hombre, los filisteos pusieron en marcha un plan para capturar a su némesis. Después de todo, Sansón amaba a Dalila, y cuando un hombre ama a una mujer, ella puede convencerlo de hacer cosas que él nunca imaginó que haría. Y eso fue precisamente lo que hizo Dalila porque, a fin de cuentas, era una aventurera.

Después de pasar una noche juntos, Dalila le pidió a Sansón que le dijera el secreto de su fuerza. Sansón, a quien siempre le gustaron los acertijos y las bromas, le dijo a Dalila que se volvería débil si lo ataban con siete cuerdas nuevas. Dalila, sin saber que Sansón le había mentido, le ató con siete cuerdas nuevas y llamó a los filisteos para que vinieran y lo doblegaran. Como Sansón había mentido, rompió las cuerdas como si no fueran más que papel.

Dalila, obviamente decepcionada, lo volvió a intentar. Esta vez Sansón le dijo que se volvería débil si le ataban con sogas nuevas. Así que después de que Sansón se durmiera, Dalila hizo precisamente eso. Sin embargo, cuando llamó a los filisteos para que lo atacaran, Sansón rompió las sogas nuevas como lo había hecho con las cuerdas nuevas.

Por tercera vez, Dalila insistió para que Sansón le dijera su secreto.

Esta vez Sansón le dijo a Dalila parte de la verdad (le habló sobre su cabello), pero no toda la verdad. Solo le dijo que si siete mechones de su cabello se entretejían con la tela del telar, perdería su fuerza. Después de que se quedara dormido, Dalila se puso a trabajar con el cabello de Sansón y a entretejerlo para sujetarlo tal como él le había dicho. Cuando Dalila gritó por tercera vez que los filisteos le estaban atacando, Sansón se liberó y reveló a Dalila que la había engañado una vez más.

Finalmente, Dalila, frustrada, intentó algo nuevo. Apelando al evidente amor de él para con ella, le dijo: "¿Cómo puedes decirme 'te amo' si no me confías tus secretos? ¡Ya te has burlado de mí tres veces y aún no me has dicho lo que te hace tan fuerte!" (v. 15).

Dalila jugó la carta del amor. "No me amas de verdad, Sansón. Nunca me has amado", dijo Dalila entre pucheros. "Si me amaras, responderías mi pregunta y dejarías de mentirme". Al principio, Dalila siguió sin recibir la respuesta que quería, aun después de jugar la carta del amor. Pero las 1.100 piezas de plata que cada gobernante de los filisteos le había prometido la impulsaban a continuar. Así que siguió insistiendo con sus preguntas a Sansón.

Día tras día lo estuvo fastidiando hasta que se hartó de tanta insistencia. Entonces finalmente Sansón le reveló su secreto: "Nunca se me ha cortado el cabello —le confesó—, porque fui consagrado a Dios como nazareo desde mi nacimiento. Si me raparan la cabeza, perdería la fuerza, y me volvería tan débil como cualquier otro hombre" (vv. 16-17).

Básicamente, Dalila acosaba a Sansón. Eso es lo que significa que "lo estuvo fastidiando" en el lenguaje de hoy. Dalila se negaba a aceptar un no como respuesta, y fastidiaba a Sansón todos los días. A cualquier hombre con una mujer fastidiosa le espera una vida complicada. Proverbios 21:9 dice claramente: "Es mejor vivir solo en un rincón de la azotea que en una casa preciosa con una esposa que busca pleitos".

No solo eso, sino que leemos también en Proverbios 19:13: "una esposa que busca pleitos es tan molesta como una gotera continua". Plop, plop, plop, plop y plop.

La delicada, adorable, suave Dalila se había convertido en un grifo que gotea, a tal punto que sacó de quicio a Sansón. Le volvió loco. Leemos que Sansón "se hartó de tanta insistencia". Eso es bastante grave. Sansón estaba a punto de saltar de un precipicio. Así que para que Dalila dejara de fastidiarlo, Sansón le contó su secreto. Ella le había agotado, y Sansón finalmente cedió.

Ahora que conocía el secreto de Sansón, Dalila dio el siguiente paso hacia su meta de retirarse joven y vivir una vida de lujos. Llamó a los gobernantes de los filisteos y les dijo que esta vez sabía que Sansón le había dicho la verdad. "Traigan el dinero" dijo "porque esta vez funcionará". Leemos: "Entonces los gobernantes filisteos volvieron con el dinero en las manos" (Jueces 16:18).

Después de que Dalila vio que el dinero estaba allí, avanzó con el paso siguiente de su plan. Para asegurarse de que Sansón no se despertara mientras le rapaban la cabeza, Dalila se encargó de cansarlo. No entraré en detalles, pero hay una forma segura de cansar a un hombre, y la Biblia hace alusión a esto en el siguiente versículo: "Dalila arrulló a Sansón hasta dormirlo con la cabeza sobre su regazo" (v. 19). Al parecer, Sansón y Dalila tuvieron una noche salvaje en la cama.

Después de que Sansón se quedase dormido, Dalila pidió ayuda para afeitar los siete mechones de su cabello. Entonces, para probarlo ella misma primero, Dalila "comenzó a debilitarlo" y a Sansón "la fuerza lo abandonó", no porque su fuerza residiera en su cabello, sino porque su cabello era el símbolo de su voto de devoción a Dios. Mientras su voto de nazareo estuvo intacto, el Espíritu del Señor venía sobre Sansón y le daba poder. Cuando Sansón lo rompió, se vio privado de su propia fuerza, a tal punto que aun Dalila pudo afligirlo. Cuando Sansón perdió el cabello, perdió su voto, lo cual significaba que ya no procedía de acuerdo a su llamado.

La historia de Sansón es un recordatorio para cada uno de

nosotros. Dios nos creó a cada uno con un propósito que cumplir. Podemos llamarlo destino o llamado. Pero cuando decidimos proceder fuera de nuestro llamado, lo hacemos fuera del poder de Dios. Cuando nos apartamos de la exclusividad para la cual Dios nos creó, nos salimos de la corriente de donde fluye el poder del Espíritu. No perdemos el Espíritu Santo, pero perdemos el nivel de su poder y presencia que tendríamos si camináramos dentro de nuestro propósito.

Sin embargo, cuando vivimos conforme al llamado para el cual Dios nos diseñó, encontramos el poder para hacer cosas que nunca podríamos hacer por nuestra cuenta. Su Espíritu vendrá sobre nosotros y nos permitirá ser más de lo que jamás podríamos ser por nuestra cuenta. Eso se llama vivir en el nivel óptimo. Es vivir según la fuerza de Dios y no la propia.

Pero Sansón dejó el nivel óptimo por algo que le pareció mejor, y, como resultado, lo perdió todo. "Entonces ella gritó: '¡Sansón! ¡Los filisteos han venido a capturarte!'".

> Cuando se despertó, pensó: "Haré como antes y enseguida me liberaré"; pero no se daba cuenta de que el Señor lo había abandonado. Así que los filisteos lo capturaron y le sacaron los ojos. Se lo llevaron a Gaza, donde lo ataron con cadenas de bronce y lo obligaron a moler grano en la prisión" (vv. 20-21).

No se puede caer mucho más bajo que eso. Los filisteos arrastraron a Sansón a Gaza después de sacarle los ojos, y le pusieron a trabajar como un buey para moler grano; todo porque Sansón decidió no seguir en su posición apartada y distintiva como nazareo. Él le reveló la fuente de su fuerza a una mujer que amaba a pesar de que ella ya le había demostrado no ser digna de confianza. Y por eso el Espíritu no vino sobre Sansón ese día, así como el Espíritu no siempre viene sobre nosotros aunque estemos en la iglesia actuando y hablando correctamente. El Espíritu no está obligado a darnos su poder y presencia solo porque se lo pedimos. Dios dice que quiere que estemos apartados para Él en nuestras vidas, y cuando estamos apartados, ahí es cuando descubrimos todo lo que Él tiene preparado para nosotros.

Un pasaje que deja claro este principio en la era de la Iglesia es 1 Juan 2:15: "No amen a este mundo ni las cosas que les ofrece porque cuando aman al mundo, no tienen el amor del Padre en ustedes". Juan no dijo que no estemos en el mundo. Dijo que no lo amemos. No le demos al mundo el valor y el amor que le pertenecen a Dios. Tengamos presente que el mundo es básicamente cualquier cosa que deje fuera a Dios. Es todo aquello de lo cual Dios no puede participar. El mundo es todo aquello que nos hace decir: "Dios, quédate aquí mientras yo voy allá. Cuando salga de allí, volveré a ti". Eso es amar al mundo. Es adoptar cualquier punto de vista o actividad que no esté alineada bajo los preceptos generales de la agenda del reino de Dios.

Juan nos exhorta a no amar el mundo, porque si lo hacemos, perderemos el poder del Padre. Es lo mismo que ocurrió con Sansón. Sansón sacrificó el poder del Espíritu por un deseo carnal. Nosotros también sacrificamos el poder de Dios en nuestras propias vidas cuando decidimos alinear nuestras vidas con las normas, metas, ideales y propósitos del mundo en lugar de los de Dios. Podemos estar en el mundo. De hecho, debemos estar en el mundo. Es solo que el mundo no debe estar en nosotros. Así es como comenzamos a perder el poder sobrenatural de Dios en nuestra vida.

Redención al final

Cuando Sansón perdió su poder, sus enemigos comenzaron a regodearse. Este era el hombre que había matado a mil de los suyos solo con sus manos y la quijada de un asno. Y ahora estaba moliendo grano para ellos. De hecho, el grano que Sansón molía era un recordatorio continuo de que ahora estaba usando su fuerza para un dios falso: Dagón era el dios del grano para los filisteos. Sansón dedicaba su tiempo y energía al servicio del falso dios de los filisteos. Mientras tanto, los filisteos celebraban su victoria.

Entonces los gobernantes filisteos se juntaron para celebrar un gran festival, en el que ofrecían sacrificios y alababan a su dios Dagón diciendo: "¡Nuestro dios nos ha dado la victoria sobre Sansón, nuestro enemigo!". Cuando el pueblo vio a Sansón, también alabó a su dios diciendo: "¡Nuestro dios nos ha entregado a nuestro enemigo! ¡El que mató a tantos de nosotros ahora está en nuestro poder!" (Jueces 16:23-24).

Sansón está ciego, atado y moliendo grano entre los hurras y vivas de sus captores. El enemigo ahora le dice al jugador qué juego va a jugar. El enemigo lleva la voz cantante, y Sansón no tiene otra opción que obedecer. Una vez que una persona se queda ciega y está atada, nada excepto Dios puede sacarla de esa situación. Y en ese momento, puesto que él había quebrantado su voto, el poder de Dios le había abandonado.

Pero felizmente, Dios es un Dios de gracia. Por eso Sansón se destaca entre muchos como recordatorio de que no importa lo que usted haya hecho, cuán lejos se haya ido, o cuánto tiempo haya estado alejado, si está dispuesto a retomar el vínculo con Dios, Él tiene un plan para usted. Leemos que, con el tiempo, "el cabello comenzó a crecerle otra vez" (v. 22). Llamémoslo crecimiento sobrenatural, pero con el tiempo, Sansón comenzó a recuperar su posición. Aunque había quebrantado su voto y perdido su poder, Dios renovó su presencia en él y permitió que su cabello le volviera a crecer como antes.

El pecado le había llevado a que le cortaran el cabello. Sin embargo, mientras los filisteos estaban ocupados con fiestas a su dios y mientras Sansón molía grano en la prisión, su cabello le comenzó a crecer de nuevo. Lo que Sansón había perdido a causa del pecado, ahora lo recuperaba porque se había arrepentido de su pecado. Podemos recuperar lo que hemos perdido a causa del pecado solo cuando nos arrepentimos de ese pecado.

Si usted busca a Dios y le pide que le restaure la paz, el gozo o incluso la esperanza, y al parecer no ve ninguna solución… si, al igual que Sansón, está ciego sin poder ver la solución y ahora se encuentra atado a las consecuencias de sus errores, le exhorto a ponerse de acuerdo con Dios sobre dónde puede haberse equivocado en su vida y a pedirle que le permita volver al camino correcto. Eso se llama arrepentimiento. Así es como Dios revierte las cosas, como lo veremos con Sansón.

La llamada a escena

Mientras los filisteos celebraban su victoria sobre Sansón, decidieron ponerlo en exhibición.

> Los presentes, ya medio borrachos, exigieron: "¡Traigan a Sansón para que nos divierta!". Así que lo sacaron de la prisión para que los entretuviera…
> Ahora bien, el templo estaba totalmente lleno de gente. Todos los gobernantes filisteos estaban presentes, y en la azotea había cerca de tres mil hombres y mujeres, mirando el entretenimiento de Sansón (vv. 25, 27).

A Sansón lo habían arrastrado frente al público para que fuera el hazmerreír de más de 10.000 personas. Si había 3.000 solo en la azotea (muy probablemente las personas que no entraban en el templo), habría un número mucho mayor en la fiesta dentro del edificio. Hasta ese momento, Sansón había matado aproximadamente a 1.000 de sus enemigos. Sin embargo, ahora estaba rodeado de casi 10.000 enemigos. Consciente de la posición única en la que se encontraba y de que el cabello le había vuelto a crecer, Sansón hizo una última petición.

> Entonces Sansón oró al Señor: "Soberano Señor, acuérdate de mí otra vez. Oh Dios, te ruego que me fortalezcas sólo una vez más. Con un solo golpe, déjame vengarme de los filisteos por la pérdida de mis dos ojos". Entonces

Sansón apoyó las manos sobre las dos columnas centrales que sostenían el templo; las empujó con ambas manos y pidió en oración: "Déjame morir con los filisteos". Y el templo se derrumbó sobre los gobernantes filisteos y todos los demás presentes. De esa manera, Sansón mató más personas al morir, que las que había matado durante toda su vida (Jueces 16:28-30).

En su muerte, Sansón hizo más de lo que había hecho en veinte años de función como juez de Israel. Cuando todo parecía perdido para Sansón y estaba ciego, atado y débil mientras molía grano para un dios falso, Sansón terminó por lograr más que en alguno de los años en los que tuvo el máximo de su fuerza. Eso se debe a que Dios tiene una manera de redimir lo que hemos perdido si se lo permitimos.

Así como los últimos dos minutos de un partido de fútbol americano son a menudo el momento en que se determina quién gana o pierde, la última parte de su vida es el período crítico para reclamar su propia victoria. Independientemente de los errores que usted haya cometido o los desvíos que haya tomado, cuando se pone a cuentas con Dios, Él puede hacer cosas más asombrosas en usted y a través de usted en los momentos finales de su vida, que las que hizo en el resto de toda su vida. Nunca es demasiado tarde con Dios.

Sansón terminó en el "Salón de la Fama de la fe" de Hebreos 11 como un gran hombre de fe, porque a pesar de sus fracasos, se volvió a Dios para que cumpliera su propósito por la fe.

Amigo, puede que usted esté atado, ciego o se sienta derrotado; pero sus días postreros pueden ser mejores que los primeros. Recurra a Dios en medio del desastre de su vida y pídale que restaure el propósito para el cual fue creado. Puede que le resulte extraño que se mencione a Sansón en un capítulo sobre la fe; pero creer no es tanto vivir una vida de perfección, sino más bien confiar en que Dios puede usarle aun cuando usted haya sido quebrantado.

A pesar de sus fracasos, Sansón cumplió el llamado de Dios sobre su vida, lo cual nos debería dar a todos la esperanza de que Dios es más grande que nuestros errores, y que, a pesar de nosotros mismos, aun así Él puede usarnos.

CAPÍTULO OCHO

Sara era una princesa

Sara era una princesa. Y su historia no se parece a la de los demás; por eso la reservé para el final. El nombre de Sara literalmente significa "princesa". A Sara le iba bien en la vida. Se había casado con un hombre próspero, llamado Abraham, que tenía riquezas, honor e influencia. De hecho, si hubiera existido un *reality show* llamado: "Amas de casa reales en Canaán", Sara habría formado parte del elenco.

Sin embargo, aunque a Sara le iba bien, le faltaba algo fundamental en la vida. Era estéril. En todos sus años con Abraham, nunca había experimentado el gozo de quedar embarazada y tener un hijo.

No poder tener hijos era una de las peores cosas que podía sucederle a una mujer en la época y cultura de Sara. No tener hijos acarreaba el estigma de estar bajo maldición. A pesar de todas las cosas que le iban bien a Sara, su incapacidad de concebir, gestar y dar a luz una nueva vida había proyectado una sombra oscura sobre su vida.

La realidad física de Sara sobre la que leemos en el Antiguo Testamento es la realidad espiritual de muchas personas en el mundo en que vivimos hoy. Puede que les vaya bien en muchas cosas —una carrera exitosa, una familia feliz, una apariencia atractiva o abundancia de bienes materiales—, pero no pueden vivir la vida abundante que hemos recibido en Jesucristo. En cambio, viven cada día con el continuo tormento de un vacío interior, que golpea la puerta de un corazón que ha aprendido a subsistir en vez de prosperar.

Les falta la capacidad de tener, contener, gestar y celebrar la vida dentro de sí mismos o con los demás. Hacen las cosas por rutina, sin entusiasmo, y sienten que su vida es estéril, monótona y solitaria. La esterilidad puede provocar muchos otros males. Puede llevar a la desesperanza, la depresión y la duda. Después de muchos días, meses o incluso años de esterilidad, una persona bien puede llegar a la conclusión de que nunca cambiarán las cosas. Lo más probable es que Sara se sintiera así cuando llegó a los 65 años sin haber podido dar a luz un hijo todavía. No soy médico, pero doy por sentado que si una mujer no ha dado a luz para cuando llega a los 65 años, nunca lo hará.

Lamentablemente, Sara suponía lo mismo. Y por eso no se gozó totalmente cuando Dios les dio la promesa de que les daría un hijo. En cambio, se rió con incredulidad.

Sara era de las que dudaban. Pero lo interesante es que, aunque Sara era así, de algún modo terminó ni más ni menos que en el "Salón de la Fama de la fe" de Hebreos 11.

La esterilidad como estilo de vida

Pero antes de adentrarnos demasiado rápido en la historia de Sara, quiero hablar de usted. Hasta ahora hemos visto las vidas de algunas personas a lo largo de este libro. Hemos echado un vistazo a Moisés, el asesino; Rahab, la prostituta, Jacob, Jonás, Pedro, Sansón… ¿y quién podría olvidarse de Ester, la diva? Hemos visto cómo Dios redimió situaciones, personas, decisiones y personalidades al manifestar su gloria en ellas y a través de ellas.

Pero de todas las personas que hemos visto hasta ahora, tengo la corazonada de que Sara puede ser la persona con quien más se identificará usted. Quizá no esté luchando con el mismo tipo de esterilidad al que se enfrentaba Sara, pero se me ocurre que si usted eligió este libro, es posible que esté atravesando su propia especie de desierto espiritual. Tal vez esté viviendo un período prolongado en el que la *vitalidad* ha desaparecido de su vida. Tal vez se sienta solo porque es estéril en sus relaciones. O tal vez se sienta derrotado porque aún no ha alcanzado sus metas profesionales o personales. Carece de productividad, empuje, concentración o ambición. Pero más que eso, le falta *esperanza*. Puede que hasta se haya olvidado de lo que significa tener un sueño.

Hace un tiempo reté a nuestra congregación de los miércoles a que cada uno persiguiera el sueño que Dios le había dado. Más tarde, uno de los miembros de la congregación me confió que hacía tanto tiempo que la vida era tan estéril para él, que aunque alguna vez hubiera tenido un sueño, hacía mucho que ya no existía y ni siquiera podía recordarlo. Quizá usted se sienta como esa persona. No puede imaginarse a qué se refiere Jesús cuando dice que Él ha venido a darle vida *en abundancia*.

Una hermosa ilustración de la vida abundante entró a mi oficina no hace mucho. Tanto ella como su esposo vinieron a tan solo días de la fecha en que ella debía dar a luz. Ahora bien, en estos años he visto a muchas mujeres embarazadas en nuestra iglesia, pero pocas veces vi a una mujer tan embarazada. Ni siquiera podía caminar. Lo único que podía hacer era andar como un pato, balanceándose de lado a lado. Le pregunté cómo iban las cosas con el bebé, y su respuesta lo explicó todo.

—No hay solo un bebé aquí —me dijo—. Hay dos.

Con razón se había compenetrado tanto con la vida que llevaba. Esa dama no solo llevaba una vida, llevaba vida *abundante*. Esto es precisamente lo que dice Jesús que vino a darnos a cada uno de nosotros. La vida que Cristo da tiene la capacidad de tomar el control de todas las áreas de nuestro ser. Incluso puede cambiarle la manera de caminar. Sin embargo, muchos de nosotros seguimos caminando vacíos por dentro, tan estériles como Sara.

Cuando la promesa se demora

Antes de que la promesa de Dios pudiera dar fruto en la vida de Sara, ella tenía que atravesar una etapa de vacío conflictivo. ¿Puede identificarse con ella? El vacío de Sara era conflictivo, porque ella sabía que Dios le había prometido a su esposo que Él lo convertiría en una gran nación. Sin embargo, Dios hizo esa promesa cuando Abraham, entonces llamado Abram, tenía 75 y Sara, entonces llamada Sarai, tenía 65.

Deja tu patria y a tus parientes y a la familia de tu padre, y vete a la tierra que yo te mostraré. Haré de ti una gran nación; te bendeciré y te haré famoso, y serás una bendición para otros. Bendeciré a quienes te bendigan y maldeciré a quienes te traten con desprecio. Todas las familias de la tierra serán bendecidas por medio de ti (Génesis 12:1-3).

Dios pronunció una bendición sobre Abraham. Le prometió que a través de él haría algo muy especial por todo el mundo. Le dijo que haría de Abraham una gran nación. Pero para convertirse en una gran nación, Abraham primero necesitaba un hijo. Sin embargo, a los 75 y 65 años de edad, Abraham y Sara no solo eran viejos; a estas alturas, ya estaban sexualmente fríos. A pesar de eso, Dios dijo a Abraham que en medio de la esterilidad de ellos, Él les daría vida.

Al principio, Abraham estaba confundido; de modo que mantuvo una conversación con Dios para tratar de entender cómo eran las cosas. Abraham comprendía la promesa de que él sería una gran nación; pero, a su edad, no entendía muy bien el proceso.

Oh Soberano Señor, ¿de qué sirven todas tus bendiciones si ni siquiera tengo un hijo? Ya que tú no me has dado hijos, Eliezer de Damasco, un siervo de los de mi casa, heredará toda mi riqueza. Tú no me has dado descendientes propios, así que uno de mis siervos será mi heredero (Génesis 15:2-3).

Pero Dios tenía otros planes, porque Dios no está limitado a los caminos del hombre.

"No, tu siervo no será tu heredero, porque tendrás un hijo propio, quien será tu heredero". Entonces el Señor llevó a Abram afuera y le dijo: "Mira al cielo y, si puedes, cuenta las estrellas. ¡Ese es el número de descendientes que tendrás!" (vv. 4-5).

Cuando Sara se enteró de esta promesa, llegó a la conclusión de que Dios no debía de saber mucho sobre biología. *Tal vez, Él está confundido*, pensó. *Tal vez, no está bien informado de cómo funcionan las cosas en la tierra*. Sara se daba cuenta de que si una mujer había sido estéril toda su vida, y ahora ella tenía 65 años, no iba a tener un bebé. Las cosas sencillamente no sucedían así.

De modo que Sara hizo lo que muchos de nosotros hacemos a menudo: trató de echarle una mano a Dios. Ella creyó en su promesa, o al menos creyó que Él tenía buenas intenciones en cuanto a su promesa. Pero se propuso forzar las cosas para que la promesa se hiciera realidad. Entonces se le ocurrió su propio plan para suscitar el cumplimiento del plan de Dios, porque pensaba que Dios no podía planificar las cosas muy bien por su cuenta, especialmente cuando había prometido hacer algo imposible.

Ahora bien, Sarai, la esposa de Abram, no había podido darle hijos; pero tenía una sierva egipcia llamada Agar. Entonces Sarai le dijo a Abram: "El Señor no me ha permitido tener hijos. Ve y acuéstate con mi sierva; quizá yo pueda tener hijos por medio de ella". Y Abram aceptó la propuesta de Sarai. Entonces Sarai, la esposa de Abram, tomó a Agar, la sierva egipcia, y la entregó a Abram como mujer. (Esto ocurrió diez años después de que Abram se estableció en la tierra de Canaán). Así que Abram tuvo relaciones sexuales con Agar, y ella quedó embarazada; pero cuando Agar supo que estaba embarazada, comenzó a tratar con desprecio a su señora, Sarai. Entonces Sarai le dijo a Abram: "¡Todo esto es culpa tuya! Puse a mi sierva en tus brazos pero, ahora que está embarazada, me trata con desprecio. El Señor mostrará quién está equivocado, ¡tú o yo!" (Génesis 16:1-5).

Sara sabía que Dios había prometido hacer de Abraham una gran nación; sin embargo, también sabía que, como su esposa, ella no había podido darle un hijo. Así que Sara decidió recurrir a una solución humana para dar lugar al cumplimiento de una promesa sobrenatural. Y por hacer eso, Sara cambió de barrio y pasó de ser de las "*Amas de casa reales de Canaán*" a las "*Amas de casa desesperadas*", con todo el drama que vino con el nuevo show. Pronto surgió un conflicto entre Sara y su sierva Agar, y también con Abraham, solo porque Sara había incluido en el plan de Dios a una persona a la que Dios nunca había dicho que se incluyera. Dios había hecho una promesa. No había vacilado. Sin embargo, Sara buscó suscitar el cumplimiento del producto de la promesa de Dios a su propia manera.

Muchos de nosotros nos parecemos mucho a Sara. De hecho, Dios nos ha hecho promesas que no se han cumplido en nuestras propias vidas porque hemos intentado tomar cartas en el asunto en vez de permitir que Dios lleve a cabo su propio plan.

¿Sabía usted que Dios ha dado más de 3.000 promesas específicas a sus hijos que están registradas en la Biblia? Son suficientes promesas para tener una promesa nueva todos los días durante más de una década. Sin embargo, las promesas de Dios no se han cumplido en la vida de muchos de nosotros porque, como Sara, todo el tiempo recurrimos a soluciones humanas para echarle una mano a Dios. Miramos sus promesas y suponemos que Dios obviamente no vive en el mundo real, porque si fuera así, Él sabría que lo que prometió no sucede en el mundo real. En la vida real, afrontamos esterilidad, retos, aflicciones, problemas de salud, fortalezas, quebrantamiento, despidos, cuentas a pagar, traiciones y desesperación que son reales. Y en vez de confiar en que Dios cumplirá su Palabra, muchas veces dudamos de Él al intentar hacer que las cosas sucedan por nuestra cuenta.

Así como lo hizo Sara.

Sin embargo, es tan importante esta cuestión de lo que hizo Sara, que miles de años después, el apóstol Pablo menciona la historia para enfatizar algo importante. Pablo quiere que quede absolutamente claro que, como seguidores de Jesucristo, no debemos forzar que las cosas sucedan mediante el esfuerzo humano, sino más bien vivir en la libertad de la promesa.

> Díganme ustedes, los que quieren vivir bajo la ley, ¿saben lo que en realidad dice la ley? Las Escrituras dicen que Abraham tuvo dos hijos, uno de la mujer esclava y el otro de su esposa, quien había nacido libre. El nacimiento del hijo de la esclava fue el resultado de un intento humano por lograr que se cumpliera la promesa de Dios; pero el nacimiento del hijo de la libre fue la manera en que Dios cumplió su promesa… ¿Pero qué dicen las Escrituras al respecto? "Echa fuera a la esclava y a su hijo, porque el hijo de la mujer esclava no compartirá la herencia del hijo de la mujer libre". Así que, amados hermanos, no somos hijos de la mujer esclava; somos hijos de la mujer libre (Gálatas 4:21-23, 30-31).

En otras palabras, Pablo nos exhorta como creyentes a no vivir nuestra vida en esclavitud a los caminos de nuestra carne. No debemos tratar de experimentar a Dios según una mentalidad de Agar. Cuando intentamos echarle una mano a Dios con el uso de un enfoque humano para resolver un problema divino, perdemos o demoramos la solución divina que Dios tiene preparada para nosotros.

Amigo, tengo un consejo para usted: no juegue a ser "Agar" con

Dios. Es fácil hacer precisamente eso cuando Dios no parece estar actuando dentro de lo razonable ni estar cumpliendo con su promesa; pero apelar a la carne no hará que se cumplan las promesas del Espíritu. Más bien generará caos, desorden y desunión en cualquier circunstancia, situación o relación que usted afronte.

Así como le ocurrió a Sara.

Pasarían algunos años dolorosos en los que Sara observaría a Ismael, el niño nacido de su sierva Agar, crecer delante de ella. Cada vez que Sara oía reír a Ismael o cada vez que lo veía pasar corriendo delante de su tienda durante sus actividades diarias, le recordaba la decisión que había tomado. No solo eso, sino que también le recordaba la promesa que Dios había hecho —hacer de Abraham una gran nación— y su fracaso como esposa en darle un hijo de esa promesa.

Día tras día, año tras año, Sara solo envejecía. De hecho, pasarían veinticinco años entre el anuncio de la promesa de Dios y su cumplimiento. Después de veinticinco años de dolor, vacío, confusión y obvios sentimientos de fracaso —a pesar de que habían intentado todo lo humanamente posible para hacer realidad la promesa de Dios—, Abraham y Sara todavía no tenían un hijo. Y a juzgar por su respuesta a la siguiente declaración que Dios les hizo respecto del hijo prometido, parece que ninguno de los dos consideraba que tener un hijo seguía siendo una posibilidad.

> Cuando Abram tenía noventa y nueve años, el Señor se le apareció y le dijo: "Yo soy El-Shaddai, 'Dios Todopoderoso'. Sírveme con fidelidad y lleva una vida intachable. Yo haré un pacto contigo, por medio del cual garantizo darte una descendencia incontable"…
>
> Entonces Dios le dijo a Abraham: "Con respecto a Sarai, tu esposa, su nombre no será más Sarai. A partir de ahora, se llamará Sara. Y yo la bendeciré, ¡y te daré un hijo varón por medio de ella! Sí, la bendeciré en abundancia, y llegará a ser la madre de muchas naciones. Entre sus descendientes, habrá reyes de naciones".

Entonces Abraham se postró hasta el suelo, pero se rió por dentro, incrédulo. "¿Cómo podría yo ser padre a la edad de cien años? —pensó—. ¿Y cómo podrá Sara tener un bebé a los noventa años?". Así que Abraham le dijo a Dios:

—¡Que Ismael viva bajo tu bendición especial! (Génesis 17:1-2, 15-18).

El hecho de que Dios cambiara el nombre de Sarai a Sara en este pasaje es significativo. En la Biblia, nombrar algo era más que una cuestión de nomenclatura. Nombrar algo creaba o definía su identidad. El nombre Sara literalmente significa "princesa" o "mujer noble". Dios dijo claramente que de Sara vendrían reyes de pueblos. Para que un rey sea rey, debe provenir de un linaje real. Al cambiar el nombre de Sarai a Sara, Dios estableció a Sara como una "madre de naciones" real. Dios hizo una declaración específica de que algo increíblemente especial sucedería a través de Sara. Con esto, Dios dio a Sara mucho más que un nombre. Le dio a Sara su destino.

Pero a los noventa años de edad, el destino de Sara no parecía una realidad factible. Si Sara no pudo quedar embarazada a los 65 años, ¿cómo podía ser que esperar unos veinticinco años más aumentara las probabilidades de concebir un hijo de Abraham? Para el espectador común del drama de Sara, su destino parecía no ser más que un sueño.

Pero Dios no había terminado con Sara. Ella estaba vacía. Era estéril. Incluso había actuado imprudentemente hacía casi una década, al usar la carne en un intento de suscitar el cumplimiento de una promesa espiritual. Pero Dios dijo que Sara era su princesa escogida a través de la cual Él establecería su pacto con Abraham.

Dios lo había dicho pero, a juzgar por la respuesta de Abraham a la revelación de Dios, Abraham no lo había creído. Solo leemos que "Abraham se postró hasta el suelo, pero se rió por dentro, incrédulo". Para empeorar aún más las cosas, Abraham se burló de Dios en su corazón al preguntarse: *¿Cómo podría yo ser padre a la edad de cien años? ¿Y cómo podrá Sara tener un bebé a los noventa años?*

Dios acababa de decirle a Abraham que Sara iba a tener un bebé, y lo único que él pudo hacer fue estallar en una risa compulsiva.

—Qué buen chiste, Dios —bromeó Abraham—. Yo tengo noventa y nueve, y Sara tiene noventa. No pudimos hacer que funcionase la cosa hace veinticinco años cuando nos diste la noticia por primera vez, ¿y crees que de repente la cosa va a funcionar? Claro, Dios. Creo que te referías a mi hijo Ismael.

Sin embargo, Dios sabía exactamente lo que había querido decir, porque corrigió a Abraham en el siguiente versículo: "No. Sara, tu esposa, te dará a luz un hijo. Le pondrás por nombre Isaac, y yo confirmaré mi pacto con él y con sus descendientes como pacto eterno" (Génesis 17:19).

Más tarde, cuando Dios dio detalles más específicos sobre el nacimiento prometido del hijo de Abraham con Sara, ella oyó la conversación. Su respuesta no fue diferente a la de su esposo.

Sara escuchaba la conversación desde la carpa. Abraham y Sara eran muy ancianos en ese tiempo, y hacía mucho que Sara había pasado la edad de tener hijos. Así que se rió en silencio dentro de sí misma, y dijo: "¿Cómo podría una mujer acabada como yo disfrutar semejante placer, sobre todo cuando mi señor —mi esposo— también es muy viejo?".

Entonces el Señor le dijo a Abraham:

—¿Por qué se rió Sara y dijo: "¿Acaso puede una mujer vieja como yo tener un bebé?"? ¿Existe algo demasiado difícil para el Señor? (Génesis 18:10-14).

Abraham se rió. Sara se rió. Abraham y Sara parecen la pareja risueña. Ninguno de ellos creía que Dios podía hacer lo que dijo que haría. De hecho, Sara llegó a decir que ella no era el único problema: Abraham tampoco se quedaba atrás. Ni un súper *Viagra* podría ayudar a este hombre. Sara dijo: "¿Cómo podría una mujer acabada como yo disfrutar semejante placer, sobre todo cuando mi señor — mi esposo— también es muy viejo?". Sara se rió ante la sola idea de quedar embarazada de Abraham.

Note que Sara "se rió en silencio dentro de sí misma". Me imagino que esto es similar a lo que nosotros también hacemos. Valientemente decimos nuestros "amenes" en la iglesia y hablamos con palabras de fe, pero por dentro nos estamos riendo igual que Abraham y Sara. Cuestionamos a Dios. Pero ya sea que nos riamos en voz alta o en silencio, es lo mismo para Dios. Él nos oye claramente de una u otra manera.

Así como oyó a Sara.

—¿Por qué te reíste? —preguntó Dios.

—No me reí —respondió Sara.

—Oh, claro que lo hiciste —la corrigió Dios—. Yo te oí.

Sara se había reído porque no creía que Dios comprendía la realidad. La realidad era que ella era vieja, Abraham era viejo, y nada podía cambiar eso. Esa era la realidad. Pero la realidad y la promesa no siempre están en consonancia. De hecho, rara vez están en consonancia la realidad y la promesa; sino que la realidad a menudo reta nuestra fe de que Dios cumplirá su promesa. Es real, evidente y relevante. No hay forma de negar la realidad. Sin embargo, la pregunta que debemos hacernos cuando nos enfrentamos a una situación parecida a la de Sara es la siguiente: ¿Vamos a creer a la realidad o vamos a creer a la promesa?

No malinterprete la pregunta. No le pregunto si creerá que la realidad es cierta. La realidad *es* cierta, así como era cierta en el caso de Sara. Ella no había podido tener un hijo. Había pasado su edad fértil; las probabilidades eran muy remotas. Abraham ya no le daba ningún placer, si entiende lo que digo. Las mujeres no quedan embarazadas a los noventa años. Los hombres no embarazan a las mujeres a los cien años. La realidad es esa, y es cierta.

Pero cuando se trata de la Palabra de Dios y de sus promesas, la realidad por sí sola no lo dice todo, a menos que usted se lo permita.

No se permita quedar demasiado atrapado en la realidad. Dios está intentando hacer que usted abrace la promesa.

Gran parte del tiempo, si no es la mayor parte del tiempo, Dios demora el cumplimiento de su promesa hasta que ya no estamos atados a la realidad. Así como Israel tardó cuarenta años en hacer un trayecto que debió llevarles treinta y cinco días, usted puede deambular en círculos de incredulidad hasta que esté listo para confiar en Dios.

A menudo, nos sentimos frustrados con Dios porque sentimos que Él se está demorando en intervenir a nuestro favor en determinada situación. Sin embargo, cuando nos encontramos en una situación como esa, debemos preguntarnos si Dios puede estar demorándose porque estamos demasiado pendientes de la realidad.

La realidad es la realidad. No estoy diciendo que usted deba restarle importancia a la realidad o negarla. Solo no permita nunca que la realidad llegue a ser más importante que la promesa, porque *Dios es más grande que la realidad*.

La realidad sola lo encerrará en un estado de ánimo natural, pero solo la fe lo hará avanzar a uno sobrenatural. Los caminos de Dios no son nuestros caminos, pero Él permitirá que retrasemos nuestro destino si estamos demasiado enfocados en hacer las cosas a nuestra manera, solo porque no nos podemos imaginar que haya otra.

El poder de Dios revelado

Aunque Abraham y Sara se rieron cuando Dios les dijo lo que haría a través de ellos, se les había dado a conocer un nivel superior del poder de Dios esta segunda vez. Habían pasado veinticinco años desde la primera vez que Dios les dio a conocer su promesa, y habían ocurrido dos sucesos importantes. En esos dos sucesos, Dios les reveló a Abraham y Sara cuán poderoso es Él.

El primer suceso ocurrió en Sodoma y Gomorra. Cuando Dios destruyó esas dos grandes ciudades, mostró a Abraham y Sara que nada es demasiado difícil para Él.

Leemos sobre el segundo suceso en Génesis 20. Abraham y Sara viajaron "hacia el sur, al Neguev, y [vivieron] un tiempo entre Cades y Sur" (v. 1). Mientras estaban allí, Abraham y Sara viajaron a Gerar, donde el rey de Gerar, Abimelec, se sintió atraído por Sara. Aunque avanzada en años, aparentemente Sara seguía haciendo que los hombres se dieran vuelta para verla. Por temor a perder la vida si el rey se daba cuenta de que él era esposo de Sara, Abraham le mintió y le dijo que ella era su hermana. Sara era media hermana de Abraham, así que dijo una media mentira, lo que es más o menos lo mismo que beber un vaso de agua que está medio envenenado. Seguía siendo una mentira.

Sin embargo, cuando Abimelec llevó a Sara a su harén, se fue a dormir y tuvo un sueño. En el sueño, Dios le dijo que Sara estaba casada con Abraham y que debía devolvérsela a su esposo o sería hombre muerto. Abimelec inmediatamente la devolvió a Abraham, pero no sin antes experimentar consecuencias por su decisión de tomarla.

Entonces Abraham oró a Dios, y Dios sanó a Abimelec, a su esposa y a sus siervas para que pudieran tener hijos. Pues el Señor había hecho que todas las mujeres quedaran estériles debido a lo que pasó con Sara, la esposa de Abraham (vv. 17-18).

Tenga en cuenta el problema de Sara cuando piensa en este pasaje. Sara era estéril. Su vientre se había cerrado, por lo que le era imposible tener hijos. En Gerar, Dios le mostró que Él no solo podía cerrar el vientre de todas las mujeres de la casa de Abimelec, sino también volver a abrirlo. Dios le estaba demostrando a Sara que nada era imposible para Él.

Estos dos sucesos tan significativos ocurrieron durante los veinticinco años entre la promesa de Dios de que haría de Abraham y Sara una gran nación y el anuncio de que estaba a punto de cumplir esa promesa. Dios mostró su poder para alimentar la fe de Abraham y Sara a fin de que pudiera germinar y crecer. Hizo esto porque si ellos no creían, Él no haría el milagro que había prometido. Como mencioné cuando vimos la historia de Rahab, la fe es el lenguaje del amor de Dios. El escritor de Hebreos nos dice claramente que "sin fe es imposible agradar a Dios. Todo el que desee acercarse a Dios debe creer que él existe y que él recompensa a los que lo buscan con sinceridad" (Hebreos 11:6).

La fe es tan importante para Dios que intencionalmente le llevará por distintas situaciones y dificultades para desarrollar su fe. No solo eso, sino que esperará todo lo que sea necesario para que esa fe engendre vida. Dios permitirá que sea estéril, que esté sin vida y vacío hasta que la fe se levante de las cenizas de la duda. Solo entonces experimentará la vida abundante, el embarazo espiritual que Dios quiere darle en medio de su situación de esterilidad y vacío.

Así como lo hizo con Sara.

Leemos en Génesis 21:1: "Entonces el Señor visitó a Sara como había dicho, e hizo el Señor por Sara como había prometido" (LBLA). Cuando estudiamos pasajes de la Biblia, siempre señalo la palabra *entonces*. Cada vez que vemos la palabra *entonces*, es necesario que nos preguntemos: ¿cuándo? Volviendo a los versículos anteriores, descubrimos que Dios abrió el vientre de Sara *después* de que Él había cerrado y luego abierto otra vez el vientre de todas las mujeres de la casa de Abimelec. Dios le reveló a Sara su poder para controlar qué vientres se abren y qué vientres se cierran. *Entonces* Sara "quedó embarazada y dio a luz un hijo a Abraham en su vejez. Esto ocurrió justo en el tiempo que Dios dijo que pasaría" (v. 2).

Sara tuvo un bebé. De Abraham. Esto sin duda produjo un show derivado de *Amas de casa reales de Canaán* y *Amas de casa desesperadas*. El nuevo show podría haberse llamado *Sara y Abraham más uno*.

Tengo la idea de que el nuevo show podría haber sido una especie de comedia, porque poco después de que Sara diera a luz, llamó a su hijo Isaac y dijo: "Dios me hizo reír. Todos los que se enteren de lo que sucedió se reirán conmigo" (v. 6). Esta es una familia risueña. Sara dijo que hizo eso porque el nombre de Isaac literalmente significa "él se ríe".

Dios le dijo a Abraham que él iba a tener un hijo, y Abraham se rió. Sara oyó a Dios decir que ella iba a tener un hijo, y se rió. El nombre de Isaac ahora serviría como un recordatorio continuo a todos de que nada es imposible para Dios, y de que Dios mismo debe de tener un sentido del humor bastante bueno.

Sara había dudado de la promesa de Dios. Inicialmente, había intentado usar una solución humana para resolver un dilema celestial. Más tarde, sencillamente le faltó la fe para creer que lo que Dios había dicho en verdad era cierto. Solo después que Sara fue testigo de la mano poderosa de Dios mientras ella estaba en una tierra extranjera, su fe la llevó a cooperar con la promesa. Tenga en cuenta que Sara no quedó embarazada sin antes responder con un paso de fe.

Una fe que ve

El principio de la fe válido para Sara es válido para usted y para mí también. Si usted cree en Jesucristo, sus promesas para usted le pertenecen por la fe. No se limite a la realidad. No se limite a lo que puede ver. Leemos más sobre esto en Romanos 4:16-17:

> Así que la promesa se recibe por medio de la fe. Es un regalo inmerecido. Y, vivamos o no de acuerdo con la ley de Moisés, todos estamos seguros de recibir esta promesa si tenemos una fe como la de Abraham, quien es el padre de todos los que creen. A eso se refieren las Escrituras cuando citan lo que Dios le dijo: "Te hice padre de muchas naciones". Eso sucedió porque Abraham creyó en el Dios que da vida a los muertos y crea cosas nuevas de la nada.

Dios es tan bueno en esto de ser Dios que ni siquiera necesita materia prima para trabajar. Él puede crear "cosas nuevas de la nada". Puede tomar cosas muertas y darles vida. Puede intervenir milagrosamente y hacer que un vientre muerto albergue una nueva vida. Puede dar nueva vida a un futuro muerto. O a una carrera, un sueño o un corazón muertos. Dios es experto en dar vida a lo que parece haber muerto. Cuando Dios trae a la existencia lo que no existe, llamamos a eso *ex nihilo*. Eso sencillamente significa que Dios crea algo de la nada.

Si usted tiene una esperanza, una relación o incluso un sueño que están muertos, Dios tiene la manera de dar vida a algo que ni siquiera existe. No mire lo que puede ver. No mire solo la realidad. Tal vez ha estado soltero durante mucho tiempo, y ha dejado de creer que su futuro cónyuge está en algún lugar. Recuerde que Dios no necesita materia prima para trabajar. Usted no necesita inventar una manera de conocer a un hombre o una mujer, como ir a un club o salir a algún lugar que podría no ser el mejor lugar para usted. Dios es tan bueno en lo que hace, que si usted tan solo confía en Él con fe y deja de buscar soluciones humanas para resolver un problema espiritual, Él puede traer a su futuro cónyuge justo donde usted se encuentra. Puede crear familias, carreras, futuros y buena salud aun cuando no parezca tener ningún elemento con que trabajar. Confíe en Él.

De hecho, haga más que confiar en Él. Haga lo que hizo Abraham. En Romanos 4:18, leemos: "Contra toda esperanza, Abraham creyó y esperó, y de este modo llegó a ser padre de muchas naciones, tal como se le había dicho: '¡Así de numerosa será tu descendencia!'" (NVI).

¿No parece eso una especie de acertijo? Abraham esperó contra toda esperanza. Era una esperanza que se oponía a todos los pronósticos. Eso quiere decir que esperaba cuando no había esperanza posible. Abraham creyó cuando no había fe en ninguna parte. No quiero que usted lea demasiado rápido y se pierda la importancia de este versículo. En una situación *sin esperanza*, Abraham *esperó*. Pablo quiere que comprendamos claramente que Abraham se enfrentaba a algo más que una situación difícil con Sara. Pablo quiere que sepamos más allá de toda duda, que Abraham esperó *contra toda esperanza*.

Y debido a esa esperanza, Abraham dio un paso de fe.

Y no se debilitó en la fe al considerar su cuerpo, que estaba ya como muerto (siendo de casi cien años), o la esterilidad de la matriz de Sara. Tampoco dudó, por incredulidad, de la promesa de Dios, sino que se fortaleció en fe, dando gloria a Dios, plenamente convencido de que era también poderoso para hacer todo lo que había prometido (Romanos 4:19-21, RVR-60).

Considerar es pensar en algo. Sin entrar en demasiados detalles personales, Abraham está sentado en su cama por la noche considerando el hecho de que su propio cuerpo está "como muerto". Sin embargo, recuerda la promesa de Dios de que Sara va a dar a luz a su hijo. Por un lado, Abraham no quiere tener intimidad física con su esposa, porque piensa: *¿De qué sirve? Mi cuerpo está muerto. El vientre de Sara está cerrado. Mejor vete a dormir, Abraham. Buenas noches.*

Pero, por otra parte, Abraham recuerda lo que Dios ha dicho. Recuerda el poder que demostró Dios en Sodoma y Gomorra y también en su experiencia con el rey Abimelec. Esos pensamientos hacen que Abraham quiera intentar tener intimidad física.

Abraham pensó en su problema.

Después, Abraham pensó en la promesa de Dios. Volvió a pensar en su problema.

Después volvió a pensar en la promesa de Dios.

Y las Escrituras nos dicen que cuando Abraham le dio la gloria a Dios en medio de su problema, decidió tener intimidad con su esposa. Nueve meses después, nació su hijo Isaac.

La respuesta de Abraham debería ser la de nosotros. Nunca permita que el problema le dicte lo que usted va a hacer. En lugar de eso, actúe en plena consideración de la promesa. Y nueve meses después —o en un tiempo más corto o más largo— dará testimonio de lo que Dios ha hecho en usted y a través de usted.

Contra toda esperanza

Aunque Abraham y Sara perdieron algunos años cuando a Sara se le ocurrió un plan humano para forzar la promesa de Dios, Él, al final, cumplió con lo que les había dicho de una manera especial. Podría parecer que Dios se estaba tomando mucho tiempo, pero Él estaba esperando hasta que todas las piezas estuvieran en su lugar —esperando hasta que Abraham pudiera esperar contra toda esperanza y que Sara pudiera responder en fe— para hacer realidad el fruto de su promesa.

Si parece que Dios se está tomando demasiado tiempo para intervenir a su favor, quiero alentarle a seguir creyendo. No se rinda. No tire la toalla. Dios no está trabajando según sus tiempos humanos, y Él no está atado a la realidad de usted. Confíe en Él.

"Pero Tony —le escucho decir—, ya estoy tan viejo que, aunque Dios intervenga, mi vida ya está prácticamente acabada a estas alturas, o mi familia ha crecido, o ya tengo cuarenta años y todavía no estoy casado… aunque Dios intervenga ahora, de todos modos es demasiado tarde".

Amigo, nunca es demasiado tarde. Anímese, porque Sara podría haber pensado lo mismo. Después de todo, tenía noventa años cuando tuvo a Isaac. ¿Podía ella tener la expectativa de verle convertirse en un niño pequeño, un adolescente o un joven adulto? La mayoría de nosotros daríamos por sentado que no. Pero Génesis 23:1-2 dice que "a la edad de ciento veintisiete años, Sara murió". Sara es la única mujer de la Biblia cuya edad se menciona en el momento de su muerte. Eso es algo que se hace con frecuencia en el caso de los hombres, pero ninguna otra mujer de la Biblia tiene registrada la edad de su muerte.

Una razón por la que posiblemente Dios haya querido que supiéramos este detalle es recordarnos que aunque Él parezca estar tomándose mucho tiempo para intervenir y cumplir su promesa, cuando lo hace, le dará tiempo suficiente para disfrutarla. Sara llegó a vivir treinta y siete años más después de que nació Isaac. Son muchas fiestas de cumpleaños y tarjetas para el Día de la Madre.

La última parte de la vida de Sara me recuerda a otro personaje bíblico que podría haberse desanimado al pensar que los mejores años de su vida se perdieron deambulando; aunque sin culpa de su parte. Caleb y Josué fueron dos de los doce espías que mencionamos en la introducción. Ellos dos dijeron que los israelitas debían entrar a la Tierra Prometida como Dios les había dicho. Sin embargo, el resto de los israelitas les votó en contra, obligándolos a sufrir el castigo de aquellos que no tenían fe. Durante cuarenta años, Caleb y Josué deambularon en el desierto, porque la incredulidad de otras personas les impidió ir donde Dios les había dicho que podían ir.

Sin embargo, en vez de lamentarse por los años que perdió y sentarse en una mecedora delante de una hoguera una vez que los israelitas finalmente lograron entrar a la Tierra Prometida, Caleb dijo a Josué: "¡Dame esa montaña!". De hecho, dijo más que eso.

"Yo tenía cuarenta años cuando Moisés, siervo del Señor, me envió desde Cades-barnea a que explorara la tierra de Canaán. Regresé y di un informe objetivo de lo que vi, pero los hermanos que me acompañaron asustaron tanto al pueblo que nadie quería entrar en la Tierra Prometida. Por mi parte, seguí al Señor mi Dios con todo mi corazón. Así que, ese día, Moisés me prometió solemnemente: 'La tierra de Canaán, por donde recién caminaste, será tu porción de tierra y la de tus descendientes para siempre, porque seguiste al Señor mi Dios con todo tu corazón'.

"Ahora, como puedes ver, en todos estos cuarenta y cinco años desde que Moisés hizo esa promesa, el Señor me ha mantenido con vida y buena salud tal como lo prometió, incluso mientras Israel andaba vagando por el desierto. Ahora tengo ochenta y cinco años. Estoy tan fuerte hoy como cuando Moisés me envió a esa travesía y aún puedo andar y pelear tan bien como lo hacía entonces. Así que dame la zona montañosa que el Señor me prometió. Tú recordarás que, mientras explorábamos, encontramos allí a los descendientes de Anac, que vivían en grandes ciudades amuralladas. Pero si el Señor está conmigo, yo los expulsaré de la tierra, tal como el Señor dijo".

Entonces Josué bendijo a Caleb, hijo de Jefone, y le dio Hebrón como su asignación de tierra (Josué 14:7-13).

Caleb no permitió que su pasado determinara su futuro. Caleb había perdido muchos años en el desierto, aunque no había hecho nada malo. Tal vez a usted le haya sucedido algo parecido. Tal vez sienta que pasaron décadas y no ha podido llegar al lugar donde cree que Dios le dijo que le llevaría. Puede ser a causa de un pecado que alguien cometió contra usted, o una obligación que se sintió obligado a cumplir, o varias otras cosas. Sin embargo, si alguien tenía razones para quejarse, era Caleb a los 85 años. No obstante, en sus palabras no aparece ni un rastro de lamento por el pasado. Caleb —sin duda para entonces algo encorvado por la edad— estaba preparado para atacar a los enormes gigantes descendientes de Anac sin dudas ni preocupaciones.

La historia continúa y nos muestra que Caleb pudo expulsar a los descendientes de Anac de su tierra. Registrada en los libros de Josué y Jueces, la victoria de Caleb es clara.

Caleb expulsó a los tres grupos de anaceos, que son descendientes de Sesai, de Ahimán y de Talmai, hijos de Anac (Josué 15:14).

Caleb recibió la ciudad de Hebrón, tal como Moisés le había prometido, y expulsó a todos sus habitantes, que eran descendientes de los tres hijos de Anac (Jueces 1:20).

Caleb no permitió que los años perdidos le impidieran obtener o *disfrutar* lo que se le había prometido. Él es como Sara, quien también llegó a disfrutar el cumplimiento de su promesa durante muchos años. De hecho, la restauración de Sara fue tan completa que ella terminó en el "Salón de la Fama de la fe". "Fue por la fe que hasta Sara pudo tener un hijo, a pesar de ser estéril y demasiado anciana. Ella creyó que Dios cumpliría su promesa" (Hebreos 11:11). Sara siempre será recordada como un ejemplo a seguir por todas las mujeres.

> Así es como lucían hermosas las santas mujeres de la antigüedad. Ellas confiaban en Dios y aceptaban la autoridad de sus maridos. Por ejemplo, Sara obedecía a su esposo, Abraham, y lo llamaba "señor". Ustedes son sus hijas cuando hacen lo correcto sin temor a lo que sus esposos pudieran hacer (1 Pedro 3:5-6).

Dios usó la fe y la obediencia de Sara para transformar lo que parecía una situación sin esperanza y un error devastador en un legado que merece valorarse. Si Dios hizo eso con Sara, puede hacerlo con usted.

Independientemente de la razón por la que usted puede no haber experimentado el cumplimiento de la promesa de Dios para su vida —aunque la incredulidad o el pecado de otra persona haya interferido en su vida—, su pasado no tiene por qué dictaminar lo que Dios tiene para usted ahora y el tiempo que Él le dará para disfrutar su bendición en el futuro.

Está bien reconocer la realidad de su situación. Y puede que esa realidad no parezca demasiado alentadora. Pero no se pierda la promesa que tiene de un futuro y una esperanza.

No se la pierda.

Nunca limite a Dios con su incredulidad. Dele la oportunidad de que le asombre. Permítale sorprenderle. Deje que Dios le haga decir: "¡Vaya! ¡Quién hubiera sabido que Él fuera capaz de hacer esto conmigo!".

Dios sí es capaz de hacerlo. Yo sé que sí. Lo he visto hacerlo en la vida de las personas que hemos estudiado en estas páginas. Usted también lo ha visto. Pero más que eso, lo he visto hacerlo en mi propia vida también. Y sigo creyendo que Él hará más. En el momento en que escribo esto, tengo 63 años, y sigo siendo tan fuerte ahora como lo he sido siempre. Quiero esa montaña de la cual me habló Dios. Quiero que usted también tenga su montaña.

Confíe en que Él se la dará. Confíe en que Él le guiará en el camino que tiene para su vida. Si usted confía en Él y responde en fe y obediencia a su Palabra, Él no le decepcionará. Los que confían en el Señor nunca serán avergonzados (Isaías 49:23).

Se lo prometo.

Mejor aún, *Él* se lo promete. Nunca es demasiado tarde para tomarle la Palabra.

Unas palabras finales:
La recuperación en la vida

Durante los pasados treinta años, uno de los puntos sobresalientes de mi ministerio ha sido servir como capellán de los Mavericks de Dallas de la NBA. Si alguna vez asistió a un partido de baloncesto profesional, sabe que cada minuto está colmado de energía, transpiración, determinación y las mejores habilidades atléticas. Los equipos compiten por el premio de ser declarados los vencedores de la noche. Los jugadores corren, amagan, tiran y bloquean en un esfuerzo por conseguir que el balón atraviese el aro tantas veces como les sea posible.

Un elemento del juego que hace que el baloncesto sea tan intrigante es la recuperación. La recuperación ocurre cada vez que se falla un tiro o tiro libre. En caso de una recuperación en ataque, todos en la ofensiva toman el balón después de que rebota en el aro y lo vuelven a tirar o corren hacia otra jugada. En vez de ceder la posesión del balón, la recuperación mantiene la posesión, lo cual le da a la ofensiva otra oportunidad de anotar un tanto.

Si el juego del baloncesto no tuviera la opción de la recuperación, le restaría bastante velocidad. La presión debajo del aro disminuiría en gran manera. Y los tiros fallidos serían mucho más difíciles de aceptar. Las recuperaciones permiten que los jugadores tomen una situación de desventaja para volver a tomar ventaja.

Lo que la recuperación hace en el juego del baloncesto, Dios lo hace en el juego de la vida al darnos otra oportunidad después de un intento fallido. Una recuperación es un nuevo intento. Nos muestra que incluso en la vida, no es demasiado tarde para volver a intentarlo. En los ocho capítulos previos, hemos experimentado las vicisitudes de aquellos que tuvieron una recuperación. Hemos visto a un asesino convertirse en un libertador. Hemos visto a una prostituta terminar en el linaje mesiánico. Hemos visto a un engañador transformado en un patriarca, a un rebelde en un evangelista y a una diva en una libertadora. Hemos visto a un detractor vencer sus temores, a un mujeriego dar el golpe de gracia, y a una incrédula terminar en el "Salón de la Fama de la fe" por creer en la promesa de que Dios le daría un hijo.

Cada uno de estos individuos podría haberse rendido cuando las cosas estaban mal. Cada uno podría haber desistido. Cada uno podría haber tirado la toalla, irse al banquillo o simplemente darse por vencido. Pero ninguno lo hizo. En cambio, cada uno tomó una situación difícil y lo volvió a intentar; esta vez con fe. Y como resultado de su fe, todos lograron la victoria.

En la vida cristiana, así como en el baloncesto, un tiro fallido no significa que se terminó el juego. Si el reloj aún no se detuvo y le queda tiempo (y sabemos que le queda tiempo porque todavía está con vida), no es demasiado tarde para una recuperación.

Pero usted debe saber lo que todo buen jugador de baloncesto también sabe: que para lograr una recuperación, hay que ubicarse cerca del aro. No se puede estar del otro lado del campo de juego, en la tribuna o en el parque de estacionamiento y esperar recuperar el balón. Tampoco puede usted, como creyente en Jesucristo, alejarse de una relación cercana y permanente con Él y esperar una restauración divina de su situación.

Como dijo el famoso alero de la NBA, Larry Byrd: "La mayoría de las recuperaciones se logran bajo el aro. Así es como yo hago". Sabiendo esto, Byrd se coloca adrede cerca del aro, porque la clave

para una recuperación exitosa es estar donde se pueda avanzar una vez que se recupere el balón. De la misma manera, la clave para una recuperación exitosa en la vida cristiana es colocarse bajo el gobierno integral de Dios. Cuando usted se somete al gobierno integral de Dios —a lo cual me refiero como plan del reino de Dios—, está en la mejor posición para su recuperación.

Tal vez esté pensando que este principio puede dar resultado en otros, pero no en usted: *"Si yo fuera Larry Byrd, también lograría una recuperación"*. Es verdad que Larry Byrd podría tener ventaja sobre la mayoría de nosotros en lo que respecta a la recuperación del balón en un partido de baloncesto. Y algunas personas podrían tener ventaja sobre usted en recuperarse de las circunstancias de la vida, porque no han experimentado la profundidad de su dolor, vergüenza o decepción.

No voy a desmerecer lo que usted experimentó, lo que hizo o lo que podría estar por afrontar. Tampoco voy a negar que lograr una recuperación es mucho más fácil para alguien como Larry Byrd, que para alguien como usted o como yo. Pero permítame dirigir su atención hacia otra persona. Es alguien que tuve la emoción de ver en el equipo de los Mavericks hace varios años, alguien cuya esperanza y tenacidad debería ser un ejemplo a seguir en nuestra propia vida.

Su nombre es Jason Kidd. Si usted no sigue de cerca el baloncesto, puede que no haya escuchado hablar de él. Pero si encontrara al equipo de los Mavericks en un restaurante o una actividad, puede que ni siquiera lo vea. Después de todo, la mayoría de los jugadores son mucho más altos que Kidd, lo cual hace que se parezca, de algún modo, a un niño. Por su altura y peso, Kidd puede desaparecer al lado de los gigantes de los Mavericks, como Dirk Nowitzki, que mide 2,13 metros.

Pero no se deje engañar por el tamaño de Kidd. En 1994, como jugador novato, recuperó a los Mavericks de su peor récord en la liga del año anterior al mejor progreso en la NBA de ese año. Y aunque jugó en un equipo con un récord perdedor, Kidd logró compartir el premio de jugador novato del año de la NBA con Grant Hill, de los Pistons.

Después de diez años y de haber sido vendido a los New York Nets, Kidd recibió el mérito de haber revivido a los Nets, casi muertos, con uno de los mejores desempeños de la historia de la NBA. En su primer año con los Nets, Kidd los llevó a su primera aparición en las finales de la NBA. Unos años más adelante, Kidd volvió a casa con los Mavericks. Como un jugador consistente en todos los campos de juego, Kidd no permitió que lo que muchos considerarían una desventaja —su falta de altura—, le impidiera no solo recuperar infinidad de veces el balón, sino también encestar. De hecho, Kidd tiene más de 7.000 recuperaciones. Es el único jugador de la historia de la NBA con el récord combinado de más de 15.000 tantos, 10.000 asistencias y 7.000 recuperaciones. ¿Ha captado eso? A pesar de su baja estatura, Kidd tiene un récord muy alto. Es decir: usted no tiene que ser un Byrd para volar. Solo tiene que creer, posicionarse y nunca dejar de intentarlo.

Dios tiene un millón de maneras de dar en el blanco con un dardo torcido, o como hizo hace poco Kidd, marcar un tanto a 22 metros del aro a solo segundos de terminar el partido, en una recuperación.

Amigo, aunque no recuerde ninguna otra cosa de lo que leyó en las páginas de este libro, recuerde esto: *No es demasiado tarde*. No permita que sus circunstancias, donde estuvo, lo que hizo, lo que alguien le hizo o lo que está afrontando dicte el resultado final de su juego. Antes bien, permita que Aquel que hace todas las cosas nuevas lo ubique bajo la cobertura de su gobierno integral.

Usted *tendrá una recuperación* allí. *Encestará*. Vivirá la vida que Dios ha diseñado para usted. No por usted y las grandes cosas que hizo, sino por la fe que ha colocado en su Hijo.

¿Ha fallado un tiro, o dos, o tres o diez? La última vez que me fijé, el juego todavía seguía. Recupere su balón. No es demasiado tarde para que obtenga su victoria.

Preguntas para el debate o la reflexión personal

Introducción

1. Mencione una experiencia o decisión personal de su pasado que le haya formado de manera positiva. Ahora mencione una carga de su pasado que le gustaría dejar atrás.

2. Termine esta frase: No es demasiado tarde para...

Capítulo 1: Moisés era un asesino

1. ¿Ha tenido alguna vez un sueño en su vida? ¿Cuál es el estado de ese sueño: se ha cumplido, está en proceso o se ha desvanecido?

2. ¿Ha tratado alguna vez de cumplir un sueño, solo para experimentar un terrible fracaso?

3. ¿Ha tenido alguna vez una experiencia de "desierto": un prolongado receso o un tiempo en el que sintió como si estuviera al margen de la vida? Si es así, ¿puede identificar un efecto positivo que ese tiempo tuvo en usted?

4. Mencione una situación o circunstancia de hace mucho tiempo en su vida que le gustaría ver cambiar.

5. Es probable que nunca haya visto una zarza envuelta en llamas que no se consumía, pero ¿ha visto a Dios "aparecer" en su vida de alguna otra manera? ¿Cómo?

Capítulo 2: Rahab era una prostituta

1. Rahab era catalogada como una prostituta. ¿Qué apelativo le han puesto a usted? ¿Qué podría pensar Dios de ese apelativo?

2. Rahab se arriesgó al esconder a los espías. ¿Se ha arriesgado alguna vez para dar un paso de fe? ¿Está considerando un riesgo ahora? Explíquese.

3. Si el lenguaje del amor de Dios es la fe, mencione una manera práctica de poder expresar su amor por Dios hoy.

4. Rahab tuvo que ir contra su cultura a fin de seguir a Dios. ¿Ha tenido usted que hacer eso? ¿Cómo?

5. ¿Se han derrumbado algunos "muros" a su alrededor? ¿De qué manera está confiando en que Dios le librará?

Capítulo 3: Jacob era un mentiroso

1. ¿Ha tenido que esperar *mucho* tiempo por algo que quería de verdad? ¿Cómo cambió usted durante el período de espera?

2. ¿Qué significa luchar con Dios hoy? ¿Ha sentido alguna vez como si estuviera luchando con Dios? ¿Cuál fue esa situación?

3. Dios dislocó la cadera de Jacob con un toque. ¿Qué experiencia dolorosa ha usado Dios para formar su carácter? ¿Qué efecto ha tenido esa experiencia en usted?

4. Dios le dio a Jacob un nombre nuevo: Israel. ¿Le han puesto a usted alguna vez un sobrenombre? ¿Ha sentido alguna vez como si los demás lo catalogaran de algo? ¿Qué sobrenombre le gustaría tener?

5. La lucha de Jacob con Dios fue un momento decisivo en la vida de Jacob. ¿Ha tenido usted algún momento decisivo con Dios? Explíquese.

6. Piense en una manera en la que Dios le ha bendecido. ¿Cómo puede usted transmitir esa bendición a otros?

Capítulo 4: Jonás era un rebelde

1. ¿Ha sentido alguna vez como si Dios le estuviera pidiendo que hiciera algo que usted no quería hacer? ¿Qué sucedió?

2. ¿Ha tratado alguna vez de huir de Dios o de su voluntad para su vida? ¿Cómo le fue?

3. Finalmente, Jonás se arrepintió en el vientre del pez. ¿Alguna vez sus decisiones le han llevado a un lugar oscuro y solitario? ¿Cuál fue su respuesta?

4. ¿Conoce personas que no hay manera de que respondan a Dios? ¿Cómo podría Dios trabajar en silencio para manifestarse a ellas?

5. ¿Ha estado alguna vez enojado con Dios?

6. ¿De qué manera ha recibido la gracia de Dios? ¿De qué manera podría Él pedirle que sea un canal de su gracia?

Capítulo 5: Ester era una diva

1. ¿Cómo ha manifestado Dios su providencia en su vida? ¿Puede pensar en un aparente error o coincidencia que Dios usó para cumplir su voluntad en su vida; en un tiempo en el que Dios estaba trabajando en silencio en sus circunstancias?

2. No todos son elegidos para ser coronados como reyes o reinas, pero todos tienen influencia en otros. ¿A quiénes podría usted estar influenciando? ¿Qué podría Dios querer cumplir a través de usted?

3. Las personas pueden actuar como divas aunque no sean reyes o reinas. ¿Contra qué actitudes o acciones de una diva necesitamos guardarnos en nuestra vida cotidiana? En otras palabras, ¿de qué manera podría ser tentado a actuar como una diva?

4. ¿Cómo podrían las bendiciones de Dios hacer que su vida sea más útil para el reino? En otras palabras, ¿cómo se pueden relacionar las bendiciones de nuestra vida con el propósito de Dios?

5. Ester arriesgó su vida para compartir sus bendiciones con su pueblo. ¿Se ha arriesgado usted alguna vez a compartir sus bendiciones con otros? ¿Qué riesgo podría tener que correr en el futuro?

6. Por culpa de Amán, Ester se encontraba en una situación aparentemente sin esperanza. ¿Ha visto alguna vez a Dios cambiar una situación aparentemente sin esperanza? ¿Qué sucedió?

Capítulo 6: Pedro era un apóstata

1. El Dr. Evans escribe: "Podemos dignificar nuestras adversidades al descubrir el destino al cual Dios nos está llevando a través de la prueba". ¿Qué piensa usted que significa "dignificar nuestras adversidades"? ¿Está experimentando alguna adversidad que podría "dignificar"?

2. El Dr. Evans escribe: "Satanás a menudo trata de derrotarnos en la misma área donde nunca imaginamos que podíamos fallar". ¿Cómo podemos ser fuertes en el Señor sin ser arrogantes o estar demasiado seguros de nosotros mismos?

3. ¿Ha sentido alguna vez como si defraudara al Señor? Después de eso, ¿tuvo deseos de huir de Jesús o de correr hacia Él? ¿Pueden nuestros fracasos cambiar lo que Dios siente por nosotros?

4. Imagínese que Jesús le pregunta: "¿Me amas con amor leal y abnegado?". ¿Qué le respondería?

5. Después del fracaso y la restauración de Pedro, él estaba mejor preparado para cumplir con su ministerio. Si usted ha pasado por el fracaso y la restauración, ¿hubo algún cambio positivo en su vida como resultado de eso?

Capítulo 7: Sansón era un mujeriego

1. Como nazareo, Sansón era apartado. ¿De qué manera son apartados (o santificados) los creyentes hoy?

2. La vida de Sansón se caracterizó por la transigencia. ¿Ha tenido usted que enfrentarse a la tentación de transigir? Explíquese.

3. "Cuando intentamos mezclar las normas de este mundo con los valores de Dios, terminamos distanciados del único Dios verdadero, y perdemos su presencia y su poder en nuestras vidas, como le ocurrió a Sansón". ¿Qué normas de este mundo ha tenido usted que rechazar a fin de disfrutar la presencia y el poder de Dios? ¿Qué normas de este mundo podría tener que rechazar en el futuro?

4. Sansón recibía poder cuando actuaba conforme a su llamado. ¿Ha sentido usted alguna vez que el poder de Dios fluía en su vida y lograba algo que no podría haber logrado por su propia cuenta? Explíquese.

5. La mayor victoria de Sansón llegó al final de su vida. ¿Hay algo que espera con ansias que Dios haga a través de usted?

Capítulo 8: Sara era una princesa

1. ¿Cómo describiría usted la diferencia entre una vida estéril y una vida abundante? ¿Ha experimentado tiempos de cada una? Explíquese.

2. ¿Ha tratado alguna vez de ayudar a Dios a cumplir sus promesas por su propia cuenta en vez de esperar en Él? Si es así, ¿qué sucedió?

3. Sara se sentía fracasada aunque su esterilidad no era culpa de ella. Piense en un ejemplo cuando se sintió un fracasado. Al recordar esa situación, ¿qué podría Dios estar transmitiéndole a través del ejemplo de Sara?

4. Tanto Abraham como Sara se rieron de la promesa de Dios. ¿Le ha costado alguna vez tomar en serio una promesa de Dios? ¿Cuál era la situación?

5. Abraham tuvo esperanza en medio de una situación sin esperanza. Si usted se está enfrentando a una situación aparentemente sin esperanza, ¿de qué manera podría expresar su esperanza?

6. Después de la prueba de su fe, Sara tuvo una gran recuperación, y llegó a ser un ejemplo a seguir y dejó un legado de fe. ¿Qué legado le gustaría dejar algún día?

E D I T O R I A L
PORTAVOZ

NUESTRA VISIÓN

Maximizar el efecto de recursos cristianos de calidad que transforman vidas.

NUESTRA MISIÓN

Desarrollar y distribuir productos de calidad —con integridad y excelencia—, desde una perspectiva bíblica y confiable, que animen a las personas a conocer y servir a Jesucristo.

NUESTROS VALORES

Nuestros valores se encuentran fundamentados en la Biblia, fuente de toda verdad para hoy y para siempre. Nosotros ponemos en práctica estas verdades bíblicas como fundamento para las decisiones, normas y productos de nuestra compañía.

Valoramos la excelencia y la calidad
Valoramos la integridad y la confianza
Valoramos el mérito y la dignidad de los individuos
y las relaciones
Valoramos el servicio
Valoramos la administración de los recursos

Para más información acerca de nuestra editorial y los productos que publicamos visite nuestra página en la red: www.portavoz.com